中3英語

実力アップ問題集

文英堂編集部 編

EXERCISE BOOK | ENGLISH

文英堂

実力アップが実感できる問題集です。

1 初めの「重要ポイント/ポイント一問一答」で，定期テストの要点が一目でわかる！

2 「3つのステップにわかれた練習問題」を順に解くだけの段階学習で，確実にレベルアップ！

3 苦手を克服できる別冊「解答と解説」。問題を解くためのポイントを掲載した，わかりやすい解説！

入試問題で，実戦力を鍛える！

模擬テスト

実際の高校入試過去問にチャレンジしましょう。

標準問題

定期テストで「80点」を目指すために解いておきたい問題です。

差がつく 解くことで，高得点をねらう力がつく問題。

カンペキに仕上げる！

実力アップ問題

定期テストに出題される可能性が高い問題を，実際のテスト形式で載せています。

基礎問題

定期テストで「60点」をとるために解いておきたい，基本的な問題です。

重要 みんながほとんど正解する，落とすことのできない問題。

ミス注意 よく出題される，みんなが間違えやすい問題。

基本事項を確実におさえる！

重要ポイント / ポイント一問一答

重要ポイント 各単元の重要事項を1ページに整理しています。定期テスト直前のチェックにも最適です。

ポイント 一問一答 重要ポイントの内容を覚えられたか，チェックしましょう。

1 1・2年の復習(1)

重要ポイント

① be 動詞・一般動詞

☐ **be 動詞の文**
- ・be 動詞の現在形／[過去形] … **am, is[was] / are[were]**
- ・be 動詞の否定文…〈主語＋be 動詞＋not 〜.〉
- ・be 動詞の疑問文…〈Be 動詞＋主語〜?〉
- ・There is[are] 〜.「〜がある」

> be 動詞は主語によって使い分ける。

> 短縮形
> is not＝isn't
> are not＝aren't
> there is＝there's
> there are＝there're

☐ **一般動詞の文**
- ・一般動詞の現在形…主語が3人称単数のとき，語尾に -(e)s をつける。
  Emi **lives** in Osaka.（エミは大阪に住んでいます）
- ・一般動詞の否定文…〈主語＋do[does, did] not＋動詞の原形〜.〉
- ・一般動詞の疑問文…〈Do[Does, Did]＋主語＋動詞の原形〜?〉

> 3人称単数とは，I, you 以外の単数の人やもののこと。

> 一般動詞の過去形には規則変化（play → played など）と不規則変化（see→saw など）がある。

② 進行形

☐ **現在進行形**…〈am[is, are]＋動詞の -ing 形〉「〜している」
  They **are working** now.（彼ら[彼女たち]は今働いています）
☐ **過去進行形**…〈was[were]＋動詞の -ing 形〉「〜していた」

③ 未来の文・助動詞

☐ **未来の文**…〈will[be going to]＋動詞の原形〉
☐ **助動詞**…〈can[may, must など]＋動詞の原形〉
  He **can** swim.（彼は泳ぐことができます）

> can＝be able to
> must＝have[has] to
> 疑問文：Will[Can など]＋主語＋動詞の原形〜?
> 否定文：主語＋will[can など]＋not＋動詞の原形〜.
> 短縮形：will not＝won't

④ 比較

原級	比較級	最上級
tall	taller	tallest
beautiful	more beautiful	most beautiful
good[well]	better	best

ポイント 一問一答

① be 動詞・一般動詞

次の英文の（　　）内の正しいものを○で囲みなさい。

☐ (1) (Are / Do) they speak English in New Zealand?

☐ (2) (Did / Do) you visit Hokkaido last summer?

☐ (3) (Does / Is) your father busy?

☐ (4) (Is / Does) Nancy play tennis every Sunday?

☐ (5) I (am / do) not go to the parties.

② 進行形

次の英文の（　　）内の正しいものを○で囲みなさい。

☐ (1) He is (reading / reads) a book in his room.

☐ (2) (Are / Do) you listening to the radio?

③ 未来の文・助動詞

次の英文の（　　）内の正しいものを○で囲みなさい。

☐ (1) She (is going to meet / met) him tomorrow.

☐ (2) Tom (must / is) study hard.

☐ (3) He's (can / able to) speak three languages.

④ 比較

次の英文の（　　）内の正しいものを○で囲みなさい。

☐ (1) This building is (tall / taller) than that building.

☐ (2) This book is (interesting / more interesting) than that book.

☐ (3) Tom can swim (best / better) than my sister.

☐ (4) This is (the / more) oldest house in our town.

☐ (5) This flower is the (most beautiful / beautiful).

答 ① (1) Do (2) Did (3) Is (4) Does (5) do

② (1) reading (2) Are

③ (1) is going to meet (2) must (3) able to

④ (1) taller (2) more interesting (3) better (4) the (5) most beautiful

1 〈be 動詞〉
次の英文の____に am, is, are のいずれかを入れなさい。

(1) You _____ a good cook.

(2) I _____ from Canada.

(3) His name _____ John Smith.

(4) Tom and I _____ good friends.

(5) There _____ a bag under the chair.

(6) _____ there any comic books on the table?

2 〈一般動詞〉
次の英文の下線の語を，形をかえて____に入れなさい。

(1) I live in Tokyo. Ken _____ there, too.

(2) You have a dog. My cousin _____ a dog, too.

(3) I play tennis every day. Ken often _____ it with me.

(4) "Does Mr. Sato teach math?" "No. He _____ English."

3 〈過去形〉 重要
次の英文の(   )内の正しいものを〇で囲みなさい。

(1) I (am / is / was / were) absent from school yesterday.

(2) It (is / are / was / were) fine yesterday.

(3) My parents (is / are / was / were) in Osaka then.

(4) (Are / Was / Were / Did) you sick last week?

(5) Nancy (watch / watches / watched / watching) TV with her sister last night.

(6) I (go / goes / was / went) to the beach last Sunday.

4 〈進行形〉
次の英文の(   )内の正しいものを〇で囲みなさい。

(1) She is (swims / swam / swimming / swim) in the lake.

(2) He (cooks / is cooked / is cooking / was cooking) dinner when she came home.

5 〈未来の文・助動詞〉 **重要**

次の各組の英文がほぼ同じ内容を表すように，＿＿＿に適当な1語を入れなさい。

(1) I will visit my grandmother next Sunday.

　　I am ＿＿＿＿＿＿＿ ＿＿＿＿＿＿＿ visit my grandmother next Sunday.

(2) They are going to play baseball after school.

　　They ＿＿＿＿＿＿＿ play baseball after school.

(3) It won't rain tomorrow.

　　It ＿＿＿＿＿＿＿ ＿＿＿＿＿＿＿ to rain tomorrow.

(4) You must study English hard.

　　You ＿＿＿＿＿＿＿ to study English hard.

(5) Emi can run very fast.

　　Emi is ＿＿＿＿＿＿＿ to run very fast.

6 〈比較〉 **⚠ミス注意**

次の英文の（　　）内の正しいものを〇で囲みなさい。

(1) Jim looks (old / older / the oldest) than Bill.

(2) Mt. Fuji is the (high / higher / highest) mountain in Japan.

(3) This glass is (beautiful / more beautiful / the most beautiful) than that glass.

(4) I can cook as (well / better / the best) as my mother.

💡**ヒント** ➡️にはポイントになる単語の発音と意味が掲載されています。

1 主語が1人称か，2人称か，3人称か，単数か複数かに注意。There is [are] 〜. の文では，「〜」が単数か複数かで，is, are のどちらを使うかが決まる。
　➡️ Canada[kǽnədə キャナダ] カナダ

2 現在の文で，主語が3人称単数の場合，一般動詞には -(e)s をつける。
　➡️ math[mæθ マス] 数学

3 過去のことを述べる文では，動詞が過去形になる。
　➡️ parent[pé(ə)rənt ペ(ア)レント] 親　sick[sik スィック] 病気の

4 〈be動詞＋-ing〉で「〜している [していた]」の意味。be動詞が現在形なら「〜している」，過去形なら「〜していた」。
　➡️ lake[leik レイク] 湖

5 (1)(2) 未来のことを述べるには will か，be going to を使う。
　(3)〜(5) それぞれの助動詞が表す意味を確認する。
　➡️ won't[wount ウォウント] will not の短縮形　rain[rein レイン] 雨が降る

6 (1)〜(3) 「…よりも，もっと〜」と比較するときは，形容詞 [副詞] の比較級を，「いちばん〜」というときは，最上級を使う。
　(4) as 〜 as の「〜」には原級が入る。
　➡️ look[luk ルック] 〜に見える

標準問題

▶答え　別冊p.3

1 ____ に適当な1語を入れて，問答文を完成しなさい。

(1) "_____ _____ Jim's brother?" "Yes, I am."

(2) "Whose bag _____ this?" "It's mine."

(3) "How many elevators _____ _____ in this building?"
　　"There is one."

(4) "When _____ your brother go to Yokohama?"
　　"He _____ there last Saturday."

(5) "Does Emily play the violin very well?" "_____, she does."

2 次の日本文の意味を表すように，____ に適当な1語を入れなさい。

(1) ケンは今，宿題をしています。
　　Ken is _____ his homework now.

(2) 私たちは昨夜，とても楽しい時間をすごしました。
　　We _____ a very good time last night.

(3) そのお年寄りの女性は，車いすにすわっていました。
　　The old woman was _____ in her wheelchair.

(4) このりんごとあのりんごでは，どちらのほうが大きいですか。
　　Which is _____, this apple or that one?

(5) 私は日光を訪れたとき，たくさんの写真をとりました。
　　I _____ a lot of pictures when I visited Nikko.

3 （重要）
次の日本文の意味を表すように，____ に適当な1語を入れなさい。

(1) 窓を開けましょうか。
　　_____ I _____ the window?

(2) 私たちはもっとゆっくりしゃべらなくてはなりません。
　　We _____ _____ speak _____ slowly.

(3) あすはくもりでしょう。
　　It _____ _____ cloudy tomorrow.

(4) 野球とサッカーではどちらが好きですか。

_____ do you like _____, baseball or soccer?

(5) その3本の中では，この映画がいちばんおもしろいです。

This movie is the _____ _____ of the three.

4 ⚠ミス注意
次の各組の英文がほぼ同じ内容を表すように，____に適当な1語を入れなさい。

(1) A year has twelve months.

_____ _____ twelve months in a year.

(2) Your speech is more difficult than his.

His speech is _____ _____ yours.

(3) China is larger than Japan.

Japan is _____ as _____ as China.

(4) I must arrive there before ten o'clock.

I _____ _____ arrive there before ten o'clock.

5 🔑 がつく
次の日本文の意味を表すように，（　）内の語句を並べかえなさい。

(1) あなたは次は何をするつもりなの？

(are / what / do / next / you / to / going)?

_____

(2) 彼が私の家に来たとき，私はテレビを見ていました。

(visited / when / my / TV / watching / was / I / he) house.

_____ house.

(3) ケンはクラスでいちばん背の高い少年です。

Ken is (his class / in / taller / boy / any / other / than).

Ken is _____.

(4) 彼は私の3倍の数の本を持っています。

(as / as / books / I / has / have / he / many / three / times).

_____

(5) 今回，どんな花を持って行ったらよいですか。

(flowers / bring / kind of / I / what / should) this time?

_____ this time?

2 1・2年の復習(2)

① 命令文

☐ 〈動詞の原形～.〉「～しなさい」

人に命令・依頼する文は，主語を省略して，動詞の原形で始める。

Be quiet in the library. (図書館では静かにしなさい)

☐ 否定の命令文〈Don't＋動詞の原形～.〉「～してはいけない」

否定の命令文は，〈Don't＋動詞の原形～.〉の形で表す。

Don't swim here. (ここで泳いではいけません)

> Don't run here.
> ＝You mustn't run here.
> (ここで走ってはいけません)

☐ 〈Let's＋動詞の原形～.〉「～しましょう」

〈Let's＋動詞の原形～.〉を使うときは let's を使って応じる。

Let's eat lunch. (昼食を食べましょう) — Yes, let's. (はい，そうしましょう)

② 疑問詞のある疑問文

☐ **いろいろな疑問詞**

what (何，どの)，**who** (だれ)，**whose** (だれの，だれのもの)，**when** (いつ)，
where (どこで)，**which** (どちら，どれ)，**why** (なぜ)，**how** (どのようにして)

☐ **疑問詞で始まる疑問文の語順**

疑問詞のある疑問文は，〈疑問詞＋ふつうの疑問文～?〉の形。

What is ～? (～は何ですか)   **Which**＋名詞～? (どちらの～)

Whose＋名詞～? (だれの～)   **How many** ～? (いくつの～)

③ 名詞・代名詞

☐ **名詞・数量の表し方**

・名詞には数えられる名詞と数えられない名詞がある。また，数えられる名詞は単数形と複数形があり，複数形は -(e)s がつく形と形がかわるものがある。

・数量を表す語 (some, any は数，量どちらにも使うことができる)

数：〈数字や some [many, a few]＋名詞の複数形〉 a few days(2，3日)

量：〈some [much, a little]＋数えられない名詞〉   a little water(少しの水)

☐ **代名詞**

代名詞には主格・所有格・目的格・所有代名詞などがある。

He and **his** sister know **me**. (彼と彼のお姉さん [妹さん] は私を知っています)

ポイント 一問一答

① 命令文

次の英文の（　）内の正しいものを○で囲みなさい。

☐ (1) (Do / Be) kind to your friends.

☐ (2) (Don't / Isn't) run here, please.

☐ (3) (Shall / Let's) go to the pool today.

　　　 — No, (shall / let's) not. It's cold today.

☐ (4) (Please / Be) carry these books.

② 疑問詞のある疑問文

次の英文の（　）内の正しいものを○で囲みなさい。

☐ (1) (Whose / Where) pen is this? — It's my pen.

☐ (2) (What / Where) is Ken? — He is in the park.

☐ (3) How (much / many) is this pen? — It's 200 yen.

☐ (4) How (tall / old) is this building? — It's 20 years old.

③ 名詞・代名詞

次の英文の（　）内の正しいものを○で囲みなさい。

☐ (1) I have two (child / childs / children).

☐ (2) He wanted some (water / waters / a water).

☐ (3) Do you have (a / any / much) friends in Canada?

☐ (4) We had (many / much / a few) snow this winter.

☐ (5) Whose is this bike? — It's (me / my / mine).

☐ (6) Are you and Mike in the same class? — Yes, (you / they / we) are.

- -

① (1) Be (2) Don't (3) Let's，let's (4) Please

② (1) Whose (2) Where (3) much (4) old

③ (1) children (2) water (3) any (4) much (5) mine (6) we

1 〈命令文と Let's＋動詞の原形〜. の文の意味〉
次の英文を日本語になおしなさい。

(1) Don't eat or drink in this room.

(　　　　　　　　　　　　　　　　　　　　　　　　　　　)

(2) Let's go to the park.

(　　　　　　　　　　　　　　　　　　　　　　　　　　　)

(3) Please help me.

(　　　　　　　　　　　　　　　　　　　　　　　　　　　)

(4) You must not run in this hall.

(　　　　　　　　　　　　　　　　　　　　　　　　　　　)

2 〈be 動詞の命令文〉 ●重要
次の日本文の意味を表すように，＿＿に適当な1語を入れなさい。

(1) 他人には親切にしなさい。

＿＿＿＿＿＿＿ ＿＿＿＿＿＿＿ to others.

(2) 病院の中で騒いではいけません。

＿＿＿＿＿＿＿ ＿＿＿＿＿＿＿ noisy in a hospital.

3 〈問答文〉
＿＿に適当な1語を入れて，問答文を完成しなさい。

(1) ＿＿＿＿＿＿＿ is that girl? — She's Kate.

(2) ＿＿＿＿＿＿＿ cake do you like? — I like this one.

(3) ＿＿＿＿＿＿＿ is this book? — It's mine.

(4) ＿＿＿＿＿＿＿ old is your father? — He's forty.

4 〈疑問詞のある疑問文〉 ●重要
次の日本文の意味を表すように，＿＿に適当な1語を入れなさい。

(1) 彼はどうやって学校へ行きますか。

＿＿＿＿＿＿＿ does he go to school?

(2) この本はいくらですか。

＿＿＿＿＿＿＿ ＿＿＿＿＿＿＿ is this book?

(3) 今何時ですか。

_____ time is _____ now?

(4) 今日は何月何日ですか。

_____ is the _____ today?

5 〈名詞・代名詞〉 🔊重要

次の文を（　　）内の指示にしたがって書きかえるとき，____ に適当な1語を入れなさい。

(1) There is a library in this city. （下線部を two にかえて）

There _____ _____ _____ in this city.

(2) It rained a lot last year. （ほぼ同じ意味の文に）

We had a _____ of _____ last year.

(3) He has a new car and I have an old one. （ほぼ同じ意味の文に）

_____ car is new and _____ is old.

(4) They are interesting books. （下線部を book にかえて）

_____ _____ _____ interesting book.

6 〈英文の形と意味〉

次の日本文の意味を表すように，（　　）内の語句を並べかえなさい。

(1) 何人の少年が公園にいましたか。(were / boys / in / many / the park / how / there)?

_____

(2) 授業に遅れるな。(class / be / for / don't / late).

_____

(3) 昨日は天気のよい日でした。(a / day / fine / was / it / yesterday).

_____

💡ヒント

1 (1)(4) 禁止している。　(2) 誘（さそ）っている。　(3) 頼（たの）んでいる。

➡ help[hélp ヘルプ] 〜を手伝う

2 be 動詞の命令文は原形の be で始める。

3 答えの文の意味をよく考える。

➡ (4) He's forty.＝He's forty years old.

4 (1)「手段・方法」をたずねる疑問詞。　(2)は「値段」をたずねている。　(4) 日付は date でたずねる。

5 (2) rain には「雨が降る」という動詞と「雨」という名詞がある。a lot「たくさん」

(4) books を book と単数にするので主語や動詞もかえる必要がある。

6 (2) be 動詞の否定の命令文。　(3) 天気を表すときの主語は it。

1 次の英文の（　　）内の正しいものを○で囲みなさい。

(1)（ Is / Are / Do / Be ）careful when you walk across the street.

(2)（ Be / Don't / Isn't / Doesn't ）watch television so long.

(3)（ Why / What / Which / How ）house is yours?

(4) Are your brother and Jane friends?　—Yes,（ we / they / you ）are.

(5)（ Why / How / Who / Which / What ）many books did they need?

(6) Tom likes Japanese food very much.　—（ I / My / Me ）, too.

(7) Let's go to the movies.　— Yes,（ we are / you will / let's ）.

2 差がつく
次の各組の英文がほぼ同じ内容を表すように，＿＿＿に適当な1語を入れなさい。

(1) You must not say such a thing.

＿＿＿＿＿＿＿＿ say such a thing.

(2) That is her nice dress.

That nice dress ＿＿＿＿＿＿＿ ＿＿＿＿＿＿＿ .

(3) Shall we go to a restaurant?

＿＿＿＿＿＿＿＿ go to a restaurant.

(4) Will you play the guitar for me?

＿＿＿＿＿＿＿＿ play the guitar for me.

(5) Let's have some tea at that café.

＿＿＿＿＿＿＿＿ don't ＿＿＿＿＿＿＿ have some tea at that café?

3 次の文の下線部が答えの中心となる問いの文をつくりなさい。

(1) I have breakfast at seven.

＿＿＿＿＿＿＿＿＿＿＿＿＿＿＿＿＿＿＿＿＿＿＿＿＿＿＿＿＿＿

(2) She reads books in the library.

＿＿＿＿＿＿＿＿＿＿＿＿＿＿＿＿＿＿＿＿＿＿＿＿＿＿＿＿＿＿

(3) She studies for two hours every day.

＿＿＿＿＿＿＿＿＿＿＿＿＿＿＿＿＿＿＿＿＿＿＿＿＿＿＿＿＿＿

4 次の文を（　　）内の指示にしたがって書きかえなさい。

⑴ You are kind to animals. （命令文に）

_____

⑵ There were some people in the hall. （否定文に）

_____

⑶ You are late for school. （「学校に遅れるな」という文に）

_____

⑷ Jiro leaves home <u>at seven</u> every morning. （下線部を中心にたずねる文に）

_____

⑸ <u>An</u> old woman was walking along the river. （下線部を some にかえて）

_____

5 🔑重要
次の英文を日本語になおしなさい。

⑴ What kind of music do you like?
（　　　　　　　　　　　　　　　　　　　　　　　　　　　　　　　　）

⑵ Yumi, please help me with my homework.
（　　　　　　　　　　　　　　　　　　　　　　　　　　　　　　　　）

⑶ Why don't you join us?
（　　　　　　　　　　　　　　　　　　　　　　　　　　　　　　　　）

6 📗がつく
次の日本文を英語になおしなさい。

⑴ あのぼうしは彼のもので これが私のものです。

_____

⑵ 彼は昨日たくさんの本を買いました。（7語で）

_____

⑶ 失敗（failure）を恐れてはいけません。

_____

3 受け身

① 受け身の意味と文の形

☐ 受け身の意味…現在「…は～されます」，過去「…は～されました」

☐ 現在の受け身形…〈主語＋am [is, are]＋過去分詞〉

Japanese **is used** in Japan.（日本では日本語が使われます）

☐ 過去の受け身形〈主語＋was [were]＋過去分詞〉

This building **was built** by a Japanese.

（この建物はある日本人によって建てられました）

> by ～「～によって」は
> 「行為者」を表す。

② 受け身の否定文・疑問文

☐ 否定文…〈主語＋be 動詞＋not＋過去分詞〉

The computer **was not used** yesterday.（そのコンピューターは昨日使われませんでした）

☐ 疑問文…〈Be 動詞＋主語＋過去分詞～?〉

Are these books **read** by many people?（これらの本は多くの人々によって読まれていますか）
— Yes, they are.（はい，そうです）/ No, they aren't.（いいえ，ちがいます）

③ 「ふつうの文⇄受け身」の書きかえ

☐ ふつうの文の目的語を主語に，ふつうの文の主語は by のあとに置く。

　ふつうの文　 He **uses** the bike.（彼はその自転車を使います）
　　　　　　　主語

→受け身の文　 The bike **is used** by him .（その自転車は彼によって使われます）
　　　　　　　主語　　　〈be 動詞＋過去分詞＋by（～によって）〉

　ふつうの文　 They speak French here.（ここでは彼らはフランス語を話します）

→受け身の文　 French **is spoken** (by them) here.

　（ここではフランス語が話されます）　行為者が不特定の人々の場合は，
　　　　　　　　　　　　　　　　　　by ～ を省略することがある。

④ by 以外の前置詞を使う受け身の文

☐ by 以外の前置詞を使う受け身の文

　be interested in ～（～に興味がある），be surprised at ～（～に驚く），

　be pleased with ～（～に喜んでいる），be covered with ～（～に覆われている），

　be known to ～（～に知られている）

テストでは **ココ** が ねらわれる

● 受け身の形〈be 動詞＋過去分詞〉を正確に覚えよう。
● 「受け身ではないふつうの文⇄受け身」の書きかえがよく出題される。
● be interested in ～ などの by 以外の前置詞を用いる表現に慣れよう。

ポイント 一問一答

① 受け身の意味と文の形

次の英文の（　　）内の正しいものを○で囲みなさい。

☐ (1) English (is spoken / speaks) in Australia.

☐ (2) I (helped / was helped) by Taro.

☐ (3) His photograph was taken (by / at) me.

② 受け身の否定文・疑問文

次の英文の（　　）内の正しいものを○で囲みなさい。

☐ (1) Was this bridge (building / built) in the 90's?

☐ (2) This seat (isn't taken / doesn't take).

☐ (3) What language (speaks / is spoken) in that country?

③ 「ふつうの文⇄受け身」の書きかえ

次の英文の（　　）内の正しいものを○で囲みなさい。

☐ (1) Who (was painted / painted) that picture?

☐ (2) (George / This picture) was painted by (George / this picture).

④ by 以外の前置詞を使う受け身の文

次の英文の（　　）内の正しいものを○で囲みなさい。

☐ (1) I'm interested (in / by) art.

☐ (2) He was (surprised / surprising) at his test results.

☐ (3) She is (pleased / pleasing) with the present.

☐ (4) Mt. Fuji is covered (by / with) snow.

答

① (1) is spoken　(2) was helped　(3) by

② (1) built　(2) isn't taken　(3) is spoken

③ (1) painted　(2) This picture, George

④ (1) in　(2) surprised　(3) pleased　(4) with

1 〈受け身の文の意味〉
次の文を日本語になおしなさい。

(1) John is loved by everyone.

ジョンは（　　　　　　　　　　　　　　　　　　　　　　　　　　　）。

(2) The car is usually washed by my father.

その車はたいてい（　　　　　　　　　　　　　　　　　　　　　　　　）。

(3) This cake was made by my mother.

このケーキは（　　　　　　　　　　　　　　　　　　　　　　　　　　）。

(4) Are you invited to the party?

あなたはパーティーに（　　　　　　　　　　　　　　　　　　　　　　）。

2 〈受け身の文の形〉
次の英文の（　　）内の正しいものを〇で囲みなさい。

(1) His lunch is (make / makes / made) by his grandmother.

(2) This picture was (takes / taken / taking) 10 years ago.

(3) This room (was / were / is) used by the king about 150 years ago.

(4) (Did / Was / Were) many birds seen at the park?

(5) When was the letter (send / sent / sending)?

3 〈受け身の否定文・疑問文〉
次の文を（　　）内の指示にしたがって書きかえるとき，＿＿に適当な1語を入れなさい。

(1) Books are sold at the store. （否定文に）

→ Books ＿＿＿＿＿＿＿＿ ＿＿＿＿＿＿＿＿ at the store.

(2) Dinner was cooked by Mary. （疑問文に）

→ ＿＿＿＿＿＿＿＿ dinner ＿＿＿＿＿＿＿＿ by Mary?

(3) This bag was made in Italy. （下線部を中心にたずねる文に）

→ ＿＿＿＿＿＿＿＿ ＿＿＿＿＿＿＿＿ this bag made?

4 〈受け身の文への書きかえ〉🔊重要
各組の2文がほぼ同じ内容を表すように，＿＿に適当な1語を入れなさい。

(1) She found my key.

My ＿＿＿＿＿＿＿＿ ＿＿＿＿＿＿＿＿ found by her.

18

(2) Bob wrote this essay.

This essay ＿＿＿＿＿＿ ＿＿＿＿＿＿ by Bob.

(3) Mr. Green teaches English.

English ＿＿＿＿＿＿ ＿＿＿＿＿＿ by Mr. Green.

(4) We held the meeting yesterday.

The meeting ＿＿＿＿＿＿ ＿＿＿＿＿＿ by us yesterday.

5 〈受け身の疑問文と答え方〉
次の問いに対する答えの文を，＿＿＿に適当な１語を入れて完成しなさい。

(1) Was this machine used 50 years ago?

— ＿＿＿＿＿＿, it ＿＿＿＿＿＿. It still works.

(2) Were these stamps collected by your father?

— ＿＿＿＿＿＿, they ＿＿＿＿＿＿. My brother collected them.

(3) What language is spoken here?

— French ＿＿＿＿＿＿.

6 〈注意すべき受け身の文〉 🔊重要
次の文の＿＿＿に適当な１語を入れなさい。

(1) Are you interested ＿＿＿＿＿＿ soccer?

(2) This helmet is made ＿＿＿＿＿＿ iron.

(3) She was surprised ＿＿＿＿＿＿ the news.

(4) The doctor is known ＿＿＿＿＿＿ many people.

💡ヒント ─────────

1 受け身の文は「～される，～されている」と訳す。
  ➡ invite[inváit インヴァイト] ～を招待する
2 受け身の文の形は〈主語＋be 動詞＋過去分詞〉。
3 受け身の否定文は〈be 動詞＋not＋過去分詞〉，疑問文は〈Be 動詞＋主語＋過去分詞～?〉。
  ➡ sold[sould ソウルド] sell（～を売る）の過去形・過去分詞　Italy[ítəli イタリィ] イタリア
4 不規則変化する動詞に注意。
  ➡ essay[ései エセイ] エッセー
5 (1)(2) 返事が Yes / No のどちらになるかはあとに続く文から判断する。
  ➡ machine[məʃíːn マシーン] 機械　collect[kəlékt コレクト] ～を集める
6 by 以外の前置詞を用いる表現に注意。
  ➡ helmet[hélmit ヘルメト] ヘルメット

1 次の文の＿＿に，（　　）内の語を適当な形にかえて入れなさい。

(1) What two languages are ＿＿＿＿＿＿ in Canada?　　　　　　　(speak)

(2) When was the telephone ＿＿＿＿＿＿?　　　　　　　　　　　(invent)

(3) These books were ＿＿＿＿＿＿ before 1945.　　　　　　　　(write)

(4) He threw a stone and ＿＿＿＿＿＿ the window.　　　　　　　(break)

(5) My grandmother was ＿＿＿＿＿＿ to the hospital last night.　　(take)

(6) My cousin was ＿＿＿＿＿＿ up in Paris.　　　　　　　　　　(bring)

(7) Many kinds of wild animals are ＿＿＿＿＿＿ in this park.　　　(find)

(8) Everything ＿＿＿＿＿＿ sold at 100 yen in that shop now.　　　(be)

2 🔑重要

次の各組の英文がほぼ同じ内容を表すように，＿＿に適当な1語を入れなさい。

(1) The boys stole more than 20 bikes last month.

More than 20 bikes ＿＿＿＿＿＿ ＿＿＿＿＿＿ by the boys last month.

(2) My father sent a nice watch to my mother.

A nice watch ＿＿＿＿＿＿ ＿＿＿＿＿＿ to my mother by my father.

(3) Many machines are used in this factory.

They ＿＿＿＿＿＿ ＿＿＿＿＿＿ ＿＿＿＿＿＿ in this factory.

(4) The musician played many old songs.

Many old songs ＿＿＿＿＿＿ ＿＿＿＿＿＿ by the musician.

(5) You must do your homework before dinner.

Your homework must ＿＿＿＿＿＿ ＿＿＿＿＿＿ before dinner.

(6) I didn't read the newspaper this morning.

The newspaper ＿＿＿＿＿＿ ＿＿＿＿＿＿ by me this morning.

(7) Was this cake made by your mother?

＿＿＿＿＿＿ your mother ＿＿＿＿＿＿ this cake?

3 差がつく

次の日本文の意味を表すように，（　　）内の語を用いて英語になおしなさい。（　　）内の語は適当な形になおして用いること。

(1) その城は17世紀に建てられました。(castle, build)

The _____ in the 17th century.

(2) 私の姉はアメリカの歴史に興味があります。(interest)

My sister _____ American history.

(3) その地震で多くの家が被害を受けました。(damage, earthquake)

Many houses _____.

4 ⚠ミス注意

次の対話文の（　　）内の語句を並べかえなさい。

(1) A : Excuse me. Is (this / in Japan / made / smartphone)?

　 B : Yes, it is. It's very popular among young people.

　　 Excuse me. Is _____ ?

(2) A : Soccer is popular around the world.

　 B : That's right. Soccer (played / many / is / by / plays) people around the world.（1語不要）

　　 That's right. Soccer _____ people around the world.

(3) A : How many (seen / be / saw / from / houses / that / is / can) place?（2語不要）

　 B : About twenty.

　　 How many _____ place?

(4) A : Do you know that boy?

　 B : Yes. He is Daniel Jones. He (as / good / known / player / is / a / tennis).

　　 Yes. He is Daniel Jones. He _____.

(5) A : Did you watch the soccer game last night?

　 B : Yes. I watched it with my friends and (excited / were / we / so).

　　 Yes. I watched it with my friends and _____.

(6) A : Did you buy anything for his birthday?

　 B : Yes, I bought a cap yesterday. (my present / was / he / with / pleased).

　　 Yes, I bought a cap yesterday. _____

　　 _____.

実力アップ問題

◎制限時間**40**分
◎合格点**80**点
▶答え　別冊p.9

点

1 次の文の（　　）内から適当な語句を選びなさい。　　　　　　　　　　　　　　〈2点×8〉

(1) Ken (is / are / was / were) busy because he has a lot of homework.

(2) There (is / are / was / were) many tourists in this town last summer.

(3) Yumi can play the piano (well / good / better / the best) than I.

(4) Mary and her friend (was / am / is / are) going to play tennis tomorrow.

(5) A : Do you know that man?

　　B : Yes.　I (am taught / taught / was taught / am teaching) English by him when I was young.

(6) A : Do you like Ms. Suzuki?

　　B : Yes.　She is (like / likes / liked / liking) by us.

(7) A : Who (is / are / will be) those boys?

　　B : Ken's brothers, maybe.

(8) A : May I (ask / asked / write / wrote) your name?

　　B : John Robinson.　I'm from Australia.

(1)		(2)		(3)		(4)	
(5)		(6)		(7)		(8)	

2 次の日本文の意味を表すように，＿＿＿に適当な1語を入れなさい。　　　　　　　〈3点×4〉

(1) 私の携帯電話を使ってもいいですよ。

　　You ＿＿＿＿＿＿＿ ＿＿＿＿＿＿＿ my mobile phone.

(2) 学校に遅れてはいけません。

　　＿＿＿＿＿＿＿ ＿＿＿＿＿＿＿ late for school.

(3) 「彼女はケンとどこへ行ったのですか」「動物園です」

　　" ＿＿＿＿＿＿＿ did she ＿＿＿＿＿＿＿ with Ken?" "To the zoo."

(4) 「あなたはどうやって学校に通っているのですか」「自転車で通っています」

　　" ＿＿＿＿＿＿＿ do you go to school?" " ＿＿＿＿＿＿＿ bike."

(1)		(2)	
(3)		(4)	

3 次の英文を日本語になおしなさい。 〈4点×3〉

(1) She is interested in Chinese history.

(2) Are you full? You don't have to eat them all.

(3) Tom, please come to my house at four.

(1)	
(2)	
(3)	

4 次の各組の英文がほぼ同じ意味になるように，＿＿＿に適当な1語を入れなさい。 〈4点×3〉

(1) He is a good swimmer.

He ＿＿＿＿＿＿＿＿ well.

(2) It will snow a lot this winter.

We will have ＿＿＿＿＿＿＿＿ snow this winter.

(3) I sent a postcard to him from Tokyo.

A post card ＿＿＿＿＿＿＿＿ sent to him by me from Tokyo.

(1)		(2)		(3)	

5 次の日本文を（　　）内の語を用いて英語になおしなさい。なお，（　　）内の語は適当な形になおして用いること。 〈4点×3〉

(1) 彼は今，彼の部屋で勉強しています。(study, room, now)

(2) 彼女は私の姉よりも速く泳ぐことができます。(can, fast, than)

(3) 今日の午後，天気はどうなるでしょうか。(weather, going, this)

(1)	
(2)	
(3)	

次の英文を読んで，あとの問いに答えなさい。 〈(1)2点×4，(2)2点×3〉

Last month, my father ① [teach] me something interesting.

One evening, he said, "How about spending two quiet hours without the lights from eight to ten? We will not watch TV, either."

"No, I can't," I said. "I want to watch TV from eight to ten."

"It's not good for you to watch TV too much," he said. "We need some time without TV. And we will use *candles for our lights."

At eight o'clock, my father *turned off the lights, and used some candles. Then he said, "Well, what do you think of this?"

I looked around. The room (A) (made / was / started) so quiet. My mother and my brother were ② [drink] tea. They were enjoying ③ [talk] in a soft voice. They (B) (watched / saw / looked) happy.

I answered, "It's strange. Everything looks different, but it's nice."

My father smiled and said, "I think so, too. Do you know the name of a night like this? This is called a candle night."

Thanks to "a candle night," my family (C) (will / should / could) spend two quiet hours together.

Now, we are busy and we always do something. For example, *all day, we are working, studying, or ④ [watch] TV. But sometimes we should try to rest. So it is important to have some quiet time in our busy life.

*candle(s) ろうそく　　turn(ed) off the lights　電灯を消す　　all day　一日中

(1)①～④の単語を適当な形になおしなさい。

(2)(A)～(C)の（　　）内から適当な語を選びなさい。

(1)	①		②		③		④	
(2)	(A)		(B)		(C)			

7 ( ) 内の語を並べかえて，意味の通る英文にしなさい。ただし，不要な語が1つずつ含まれている。　　　　　　　　　　　　　　　　　　　　　　　　　　　　　　　〈3点×2〉

(1) A : What (you / time / was / did / get) up this morning?

　　 B : At six o'clock.

(2) A : Which do you like better, baseball or basketball?

　　 B : Oh, it's a difficult question for me.　I (think / has / as / is / baseball) exciting as basketball.

(1)	
(2)	

8 ( ) に適当な1語を入れなさい。ただし，( ) 内に示した文字で書き始めること。　　　　　　　　　　　　　　　　　　　　　　　　　　　　　　　　　　〈3点×2〉

(1) A : What is the coldest season in Japan?

　　 B : It is (w　　　　).

(2) A : What happened?　You look sad.

　　 B : I (l　　　　) my *wallet.　So I can't buy anything.　　　　*wallet 「さいふ」

(1)		(2)	

9 次の会話文の意味が通るように，それぞれの下線部に5語〜7語の英語を入れなさい。　　　　　　　　　　　　　　　　　　　　　　　　　　　　　　　　　　　　〈5点×2〉

(1) A : Jason, do you want to come to a party at my house this Friday?

　　 B : ＿＿＿＿＿＿＿＿＿＿＿＿＿ ?

　　 A : Around seven.

　　 B : OK, I'll be there.

(2) A : You look busy.

　　 B : So, I am.　I have to finish this job today.

　　 A : ＿＿＿＿＿＿＿＿＿＿＿＿＿ ?

　　 B : No, thank you.　I can do it by myself.

(1)	
(2)	

4 現在完了(1)─完了・結果

重要ポイント

① 現在完了の形と意味

□ **現在完了**…⟨have [has] ＋過去分詞⟩「(ずっと) ～している」

　　I **have lived** in Tokyo for five years. (私は東京に5年間住んでいます)

□ **過去と現在完了**…過去は過去の事実を述べるだけ。現在完了は過去の動作や状態が現在と関連していることを表す。

　　Mr. Kimura **has gone to** Canada.

　　(木村さんはカナダへ行ってしまいました。…今はカナダにいる)

　　Mr. Kimura **went to** Canada.

　　(木村さんはカナダへ行きました。…現在どこにいるかは述べていない)

> have been to ～
> ＝～へ行ってきたところだ
> 　～へ行ったことがある
> have gone to ～
> ＝～へ行ってしまった

② 現在完了の用法(1)─完了・結果

□ **完了**「(ちょうど) ～したところだ，すでに～した」

　　I **have** just **finished** my homework. (私はちょうど宿題を終えたところです)

　　He **has** already **come** home. (彼はもう帰宅しています)

> 短縮形は I have＝I've
> He has ＝ He's

□ **結果**「～してしまった〔その結果，今も～だ〕」

　　He **has lost** his watch. (彼は時計をなくしてしまいました〔今もありません〕)

③ 現在完了 (完了・結果) の否定文・疑問文

□ **否定文**…⟨主語＋have [has] not＋過去分詞～.⟩「まだ～していない」

　　I **have not [haven't] finished** my homework yet. (私はまだ宿題を終えていません)

□ **疑問文**…⟨Have [Has] ＋主語＋過去分詞～?⟩「もう～したか」

　　Have [Has] ～? には Yes / No で have [has] を用いて答える。

　　Have you **finished** your homework yet? (あなたはもう宿題を終えましたか)

　　— Yes, I have. (はい，終えました)

　　— No, I have not [haven't]. (いいえ，終えていません)

□ **「完了」を表す現在完了の文でよく使われる語**…just，already，yet

　　just は「ちょうど」，**already** は肯定文で「すでに，もう」，**yet** は否定文・疑問文で「まだ，もう」の意味。**just，already** は **have [has]** のあとに，**yet** は文末。

　　I have **already** cleaned my room. (私はもう部屋をそうじしました)

　　I have **not [haven't]** seen the movie **yet**. (私はまだその映画を見ていません)

● 現在完了では「完了」の意味を表すとき，その結果が現在残っていることに注意。
● 「完了」の意味は，just, already, yet などの副詞をともなうことが多い。
● yet は，疑問文では「もう」，否定文では「まだ（…ない）」。

ポイント 一問一答

① 現在完了の形と意味

次の英文の（　　）内の正しいものを○で囲みなさい。

□ (1) I (have / has / am) studied English for two years.

□ (2) My cousin (have / has / is) lived here since then.

□ (3) We have (practice / practiced / practicing) *judo* for two years.

□ (4) Mr. Kato has (is / was / been) busy since yesterday.

□ (5) I (have been / am being) to the restaurant.

□ (6) She isn't here because she's (gone / been) to Tokyo.

② 現在完了の用法(1)―完了・結果

次の英文の（　　）内の正しいものを○で囲みなさい。

□ (1) He has already (leave / left) home.

□ (2) She has (just come / already came) back from the U.S.

□ (3) My father has (already / yet) had supper.

③ 現在完了（完了・結果）の否定文・疑問文

次の英文の（　　）内の正しいものを○で囲みなさい。

□ (1) Have you taken a bath (yet / just)?

□ (2) I haven't cleaned the room (already / yet).

□ (3) "Have you bought the book yet?"
　　　" (No, I don't. / Not yet.) "

□ (4) She (has / hasn't) told me the message yet.

□ (5) "Has he visited Mr. Suzuki's house?"
　　　" (Yes, he has. / No, he haven't.) "

- -

答 ① (1) have　(2) has　(3) practiced　(4) been　(5) have been　(6) gone
　 ② (1) left　(2) just come　(3) already
　 ③ (1) yet　(2) yet　(3) Not yet.　(4) hasn't　(5) Yes, he has.

基礎問題

▶答え　別冊p.11

1 〈現在完了の形〉
次の日本文の意味を表すように，下から適当な語を選び，正しい形にかえて入れなさい。

(1) 私はちょうどメグにメッセージを送ったところです。

I have just ＿＿＿＿＿＿ a message to Meg.

(2) 彼はちょうど駅に着いたところです。

He has just ＿＿＿＿＿＿ at the station.

(3) エミはもうレポートを書き終わりました。

Emi has already ＿＿＿＿＿＿ her report.

〔arrive　write　send〕

2 〈否定文と疑問文〉
次の日本文の意味を表すように，＿＿に適当な1語を入れなさい。

(1) ジェーンはまだ皿を洗っていません。

Jane has ＿＿＿＿＿＿ done the dishes ＿＿＿＿＿＿.

(2) あなたはもうそのレストランに行ってみましたか。

＿＿＿＿＿＿ you tried the restaurant ＿＿＿＿＿＿?

3 〈副詞の位置〉
（　　）内の語を文中の正しい位置に入れて，全文を書きかえなさい。

(1) The meeting has started.（just）

＿＿＿＿＿＿＿＿＿＿＿＿＿＿＿＿＿＿＿＿＿＿＿＿

(2) Has he called you?（yet）

＿＿＿＿＿＿＿＿＿＿＿＿＿＿＿＿＿＿＿＿＿＿＿＿

(3) I have bought the train ticket.（already）

＿＿＿＿＿＿＿＿＿＿＿＿＿＿＿＿＿＿＿＿＿＿＿＿

4 〈結果を表す現在完了〉 ●重要
次の文に最も近い意味を表す文を1つ選び，記号で答えなさい。

(1) He has gone to Japan.　　　　　　　　　　　　（　　　）

ア　He went to Japan, and he came back.

イ　He went to Japan, and he isn't here.

ウ　He went to Japan, and he is here.

(2) I have caught a cold.　　　　　　　　　　　　　　　（　　　）

　　ア　I caught a cold, and I still have it.

　　イ　I caught a cold, and I got better.

　　ウ　I caught a cold, and it got worse.

5 〈現在完了の語順〉🔑重要

次の日本文の意味を表すように，（　　　）内の語句を並べかえなさい。

(1) その電車はすでに駅を出発してしまいました。

　　The train (already / the / has / station / left).

　　The train _____.

(2) もうその映画を見ましたか。

　　(yet / you / have / the movie / seen)?

　　_____

(3) その店はまだ開いていませんよ。まだ8時です。

　　(has / yet / not / the shop / opened). It's still eight o'clock.

　　_____ It's still eight o'clock.

6 〈現在完了の意味〉

次の英文を日本語になおしなさい。

(1) He has just started learning English.

　　彼は（　　　　　　　　　　　　　　　　　　　　　　　　　）。

(2) She hasn't given up that dream yet.

　　彼女は（　　　　　　　　　　　　　　　　　　　　　　　　　）。

💡ヒント

1 〈have [has]＋過去分詞〉の現在完了は，「～したところだ」「すでに～した」という「完了」の意味を表すことがある。

　➡ message[mésidʒ メセヂ] メッセージ

2 (1) 現在完了の否定文は have [has] のあとに not を置く。

　(2) 疑問文は Have [Has] を主語の前に出す。疑問文の「もう」は yet を用いる。

　➡ do the dishes 皿を洗う

3 just と already は，have [has] と過去分詞の間に入る。yet は，疑問文，否定文ともに文の終わりに置く。

4 現在完了は，ある動作が終わって，その結果が現在残っていることを表すことがある。

　➡ caught[kɔːt コート] catch (～をつかむ，(病気) にかかる) の過去形・過去分詞

5 already や yet の位置に注意。

6 (1) just を伴う現在完了は「ちょうど～したところだ」。

▶答え　別冊 p.11

1 次の対話文の（　　）内の正しいものを○で囲みなさい。

(1) A : Have you (write / wrote / written / writing) the letter to Meg yet?

　　B : No. I've been very busy.

(2) A : Have you finished your breakfast?

　　B : No, I (have / haven't / yet / already). I'll finish it soon.

(3) A : Has Mr. Suzuki arrived yet? The bus will leave soon.

　　B : (No, he won't / No, he didn't / Not now / Not yet).

2 差がつく

次の（　　）内に適当な1語を入れなさい。ただし，（　　）内に示した文字で書き始めること。

(1) A : Has she (d　　　　　　) her homework (y　　　　　　)?

　　B : No. She's still doing it.

(2) A : Let's have lunch together.

　　B : Sorry. I've (a　　　　　　) (h　　　　　　) my lunch.

3 ⚠ ミス注意

次の文を（　　）内の指示にしたがって書きかえなさい。

(1) I have already taken a bath. (否定文に)

_____

(2) His father has already left for his office. (疑問文に)

_____

4 各組の2文がほぼ同じ内容を表すように，＿＿に適当な1語を入れなさい。

(1) My father went to Kyoto, and now he is still there.

　　My father has ＿＿＿＿＿＿＿ to Kyoto.

(2) He lost his room key and doesn't have it now.

　　He ＿＿＿＿＿＿＿ ＿＿＿＿＿＿＿ his room key.

5 次の日本文の意味を表すように，＿＿＿に適当な1語を入れなさい。

⑴ 彼はまだその手紙を受け取っていません。

He ＿＿＿＿＿＿ received the letter ＿＿＿＿＿＿.

⑵ 私はすでに彼に誕生日プレゼントを送りました。

I have ＿＿＿＿＿＿ ＿＿＿＿＿＿ him a birthday present.

⑶ 試合はまだ始まっていません。

The game ＿＿＿＿＿＿ started ＿＿＿＿＿＿.

⑷ 私たちの学校に関するニュースをもう聞きましたか。

＿＿＿＿＿＿ you ＿＿＿＿＿＿ the news about our school yet?

6 🔑重要

次の日本文の意味を表すように，（　　）内の語句を並べかえなさい。

⑴ 彼はもう学校へ行ってしまいました。

(to / has / he / gone / already / school).

＿＿＿＿＿＿＿＿＿＿＿＿＿＿＿＿＿＿＿＿＿＿＿＿＿＿＿＿＿＿＿＿

⑵ 私はまだ彼女にそのニュースについて伝えていません。

(yet / haven't / I / her / about / told / the news).

＿＿＿＿＿＿＿＿＿＿＿＿＿＿＿＿＿＿＿＿＿＿＿＿＿＿＿＿＿＿＿＿

⑶ その問題の答えはもう見つかりましたか。

(the answer / found / you / have / to / yet / the problem)?

＿＿＿＿＿＿＿＿＿＿＿＿＿＿＿＿＿＿＿＿＿＿＿＿＿＿＿＿＿＿＿＿

⑷ 私は地域の野球チームに入団したばかりです。

(a local baseball team / joined / just / have / I).

＿＿＿＿＿＿＿＿＿＿＿＿＿＿＿＿＿＿＿＿＿＿＿＿＿＿＿＿＿＿＿＿

⑸ 私の母はその花屋さんで働きはじめました。彼女は花が大好きです。

(working / the flower shop / my mother / started / has / at). She loves flowers.

＿＿＿＿＿＿＿＿＿＿＿＿＿＿＿＿＿＿＿＿＿＿＿＿＿＿＿＿＿＿＿＿

5 現在完了(2)─経験

① 現在完了の用法(2)─経験

☐ 「(今までに) ~したことがある」の意味。

I have visited Kyoto many times.

(私は京都を何回も訪れたことがあります)

② 現在完了 (経験) の文でよく使われる語句

☐ **before** (以前)，**once** (1 度)，**twice** (2 度)，**~ times** (~回)

これらの語句は文末に置く。

I've talked with him **once**.

(私は彼と 1 度話したことがあります)

> ever を用いた疑問文の答え方は
> 〈Yes,＋主語＋have [has]〉/
> 〈No,＋主語＋haven't [hasn't]〉/
> 〈No,＋主語＋never have [has]〉
> など。never の位置に注意。

☐ **ever** (今までに，かつて) …疑問文で使う。

Have you **ever seen** a UFO?

(あなたは今までに UFO を見たことがありますか)

☐ **never** (1 度も~ない) …否定文で使う。

I've never heard that song. (私は今までに 1 度もその歌を聞いたことがありません)

③ How many times ~?

☐ 「何回~したことがありますか」…回数をたずねる。

How many times have you read the book?

(あなたは何回その本を読んだことがありますか)

— Three times. (3 回読んだことがあります)

④ have been to ~

☐ 「~へ行ったことがある」(経験) の意味

have gone to ~ (~へ行ってしまった) の意味と区別する (→ p. 26)。

Have you **ever been to** China? (あなたは今までに中国へ行ったことがありますか)

— Yes, **I've been** there twice. (はい，2 度そこへ行ったことがあります)

— No, **I've never been** there. (いいえ，1 度もそこへ行ったことがありません)

●現在完了では「経験」を表す場合は，before, ever, once などがよく使われる。
● 「〜したことがない」は〈主語＋have[has]＋never＋過去分詞〜.〉
● have been to 〜 は「〜へ行ったことがある」の意味も表す。

ポイント **一問一答**

① 現在完了の用法(2)―経験

次の英文の（　　）内の正しいものを○で囲みなさい。

☐ (1) I have visited the park many (years / times).

☐ (2) He's (staying / stayed) in that hotel many times.

☐ (3) She's (using / used) my computer before.

② 現在完了（経験）の文でよく使われる語句

次の英文の（　　）内の正しいものを○で囲みなさい。

☐ (1) He has won a speech contest (second / twice).

☐ (2) Have you (ever / yet) swum in the sea?

☐ (3) I've (never / no) eaten Spanish food.

③ How many times 〜?

次の英文の（　　）内の正しいものを○で囲みなさい。

☐ (1) How many (often / times) have you met Nancy since last month?

☐ (2) How (much times / many times) has your sister come to Japan?

④ have been to 〜

次の英文の（　　）内の正しいものを○で囲みなさい。

☐ (1) She's (being / been) to New York twice.

☐ (2) He's never (been to / going) the baseball stadium.

☐ (3) Have you ever (visited / been) to that famous temple?

☐ (4) Have you (ever been to / ever be in) Yokohama?

答 ① (1) times　(2) stayed　(3) used
② (1) twice　(2) ever　(3) never
③ (1) times　(2) many times
④ (1) been　(2) been to　(3) been　(4) ever been to

基 礎 問 題

▶答え　別冊p.12

1 〈現在完了の意味―経験〉
次の文の意味を表す日本文を選び，記号で答えなさい。

(1) I have visited the zoo four times.　　　　　　　　　　　　　　　(　　)

　　ア　私は4番目にその動物園を訪れました。

　　イ　私はその動物園を4回訪れたことがあります。

　　ウ　私は4時にその動物園を訪れました。

(2) Have you never been to Canada?　　　　　　　　　　　　　　　(　　)

　　ア　あなたはカナダに行ったことがないのですか。

　　イ　あなたはカナダに行ったことがありますか。

　　ウ　あなたは何回カナダに行きましたか。

(3) Have you ever been absent from school?　　　　　　　　　　　　(　　)

　　ア　あなたはどうして学校を休んだのですか。

　　イ　あなたは学校を休んだことがないのですか。

　　ウ　あなたは今まで学校を休んだことがありますか。

2 〈現在完了と副詞〉
次の日本文の意味を表すように，下から適当な語を選んで＿＿に入れなさい。

(1) 今日，私はケンを2回見かけました。

　　Today, I have seen Ken ＿＿＿＿＿＿.

(2) あなたは今まで他の人と英語で話したことがありますか。

　　Have you ＿＿＿＿＿＿ talked to others in English?

(3) 私の兄は以前，そのバンドのコンサートに行ったことがあります。

　　My brother has been to a concert of the band ＿＿＿＿＿＿.

(4) 私の父は雪道を車で走ったことがありません。

　　My father has ＿＿＿＿＿＿ driven on a snowy road.

　　〔before　ever　never　twice〕

3 〈現在完了の形〉 🔴重要
(　) 内の動詞を正しい形になおして ＿＿に入れなさい。

(1) Have you ever ＿＿＿＿＿＿ an elephant?　　　　　　　　　　　(touch)

(2) He has never ＿＿＿＿＿＿ me his dictionary.　　　　　　　　　(lend)

(3) Have you ever ＿＿＿＿＿＿ your mother angry?　　　　　　　　(make)

(4) Beth has never ＿＿＿＿＿＿ to me.　　　　　　　　　　（write）

(5) Bill has ＿＿＿＿＿＿ the same watch twice.　　　　　　（lose）

(6) I have ＿＿＿＿＿＿ John's grandfather before.　　　　　（see）

4 〈同じ意味の語句〉
各組の2文がほぼ同じ内容を表すように，＿＿＿に適当な1語を入れなさい。

(1) My mother and her friends have often been to the museum.

My mother and her friends have been to the museum many ＿＿＿＿＿＿.

(2) I have visited the famous castle several times.

I have ＿＿＿＿＿＿ to the famous castle several times.

5 〈答え方〉⚠ ミス注意
次の対話文の＿＿＿に，適当な1語を入れなさい。

(1) A : Has your teacher ever been abroad?

B : ＿＿＿＿＿＿, he ＿＿＿＿＿＿. He lived in the U.S. when he was young.

(2) A : How many times have you visited Tokyo?

B : ＿＿＿＿＿＿. I went there with my family in 2017, and with my friends in 2019.

(3) A : Have you never seen penguins?

B : ＿＿＿＿＿＿. But I don't want to see them, either.

💡ヒント

1 現在完了の意味は，いっしょに使われる副詞から判断できることが多い。

➡ absent [ǽbs(ə)nt アブスント] 欠席で

2 〔　　〕内の語はいずれも「経験」を表す現在完了とともに使われる。

➡ concert [kάnsə(ː)rt カンサ(〜)ト] コンサート　band [bænd バンド] バンド
driven [drívən ドゥリヴン] drive（〜を運転する）の過去分詞　snowy [snóui スノウィ] 雪の多い

3 いずれも前に現在完了の文であることを示す have や has があるから，過去分詞の形にする。

➡ elephant [éləfənt エレファント] ゾウ　dictionary [díkʃəneri ディクショネリィ] 辞書
angry [ǽŋgri アングリィ] 怒って　same [seim セイム] 同じ

4 表現が異なる部分を特定し，言いかえ表現を考える。

➡ museum [mjuːzí(ː)əm ミューズィ(ー)アム] 博物館　castle [kǽsl キャスル] 城
several [sév(ə)rəl セヴラル] いくつかの

5 (1)(3) Have [Has]＋主語 ... で始まる疑問文には Yes / No で答えるのが基本。

(2) How many times ... で始まる疑問文には回数を答えるのが基本。

➡ abroad [əbrɔ́ːd アブロード] 外国に　penguin [péŋgwin ペングウィン] ペンギン
either [íːðər イーザ〜]（否定文で）〜も（ない）

1 次の日本文の意味を表す英文を選び，記号で答えなさい。

(1) 私の父は韓国に行ったことがあります。　　　　　　　　　　　　　　　（　　　）

　　ア　My father went to Korea.

　　イ　My father has gone to Korea.

　　ウ　My father has been to Korea.

(2) 彼らは学校に遅刻したことがありません。　　　　　　　　　　　　　　（　　　）

　　ア　They weren't late for school.

　　イ　They haven't been late for school for a long time.

　　ウ　They've never been late for school.

(3) 私は子どものころ，よくそこへ行きました。　　　　　　　　　　　　　（　　　）

　　ア　I have been there many times because I'm a child.

　　イ　I have been here since I was a child.

　　ウ　I often went there when I was a child.

2 〇重要
次の日本文の意味を表すように，（　　）内の語を並べかえなさい。

(1) あなたのお兄さんは今までに私の姉に会ったことがありますか。

　　(sister / has / ever / brother / my / your / met)?

　　_____

(2) 私はそのニュースについて以前に聞いたことがあります。

　　(before / have / I / about / heard / news / the).

　　_____

(3) あなたはあの映画を何回見たことがありますか。

　　(how / you / seen / many / movie / have / that / times)?

　　_____

(4) ビルは日本を訪れたことがありませんが，日本について多くのことを知っています。

　　(Japan / has / Bill / visited / never), but he knows many things about it.

　　_____, but he knows many things about it.

3 🏠がつく
各組の3文のうち，他の2文と意味が異なるものを選び，記号で答えなさい。

(1) ア I visited New York for the first time.　　　　　　　　　　(　　)
　 イ That was my first visit to New York.
　 ウ I have never visited New York.

(2) ア I have taken that English test before.　　　　　　　　　(　　)
　 イ I have had experience of taking that English test before.
　 ウ I took that English test many years ago.

4 対話文の＿＿に入れる最も適当なものを下から選び，記号で答えなさい。

(1) A : I read *Gone With the Wind* last week.　*Gone With the Wind*　『風と共に去りぬ』
　 B : ＿＿＿＿＿＿＿ It's very interesting.　　　　　　　　　(　　)
　　 ア I've read it, too.
　　 イ I've never read it.
　　 ウ I couldn't read it.
　　 エ I don't want to read it.

(2) A : I went to the new Italian restaurant near the station last night.
　 B : It sounds nice. ＿＿＿＿＿＿＿
　 A : You should ask your mother to take you there.　　　(　　)
　　 ア I've worked there, too.
　　 イ I've never been there.
　　 ウ I've gone to the restaurant.
　　 エ I've never heard of the restaurant.

5 ⚠ ミス注意
各組の2文がほぼ同じ内容を表すように，＿＿に適当な1語を入れなさい。

(1) This is Bill's first trip to Tokyo.
　 Bill has ＿＿＿＿＿＿ ＿＿＿＿＿＿ to Tokyo before.

(2) I've had no chance to see the famous picture.
　 I've ＿＿＿＿＿＿ ＿＿＿＿＿＿ the famous picture.

(3) This is the first time for me to listen to music like this.
　 I have ＿＿＿＿＿＿ ＿＿＿＿＿＿ to music like this before.

6 現在完了⑶──継続・現在完了進行形

① 現在完了の用法⑶──継続(けいぞく)

☐ 現在まで「ずっと〜だ」「ずっと〜している」の意味

> We **have been** busy **for** a week. (私たちは1週間ずっと忙(いそが)しい)

☐ 現在完了（継続）の文でよく使われる語句

> **for 〜**（〜の間）…期間を表す語句とともに。
>
> Tom **has stayed** here **for** a week.
>
> (トムは1週間ずっとここに滞在(たいざい)しています)

> **since 〜**（〜から）…過去のある起点を表す語句とともに。
>
> I **have known** him **since** 2009. (私は彼を2009年からずっと知っています)

> 現在完了の用法のまとめ
> ・完了・結果「〜してしまった」
> ・経験「〜したことがある」
> ・継続「ずっと〜である」

② 「継続」を表す否定文・疑問文

☐ 否定文…〈主語＋have[has]not＋過去分詞〜.〉

> Yuki **has not been** sick since yesterday. (ユキは昨日から病気なのではありません)
>
> I **have not watched** TV since last week.
>
> (私は先週からずっとテレビを見ていません)

☐ 疑問文…〈Have[Has]＋主語＋過去分詞〜?〉

> **Have** you **wanted** to buy this camera for a long time?
>
> (あなたは長い間ずっとこのカメラを買いたかったのですか)
>
> — Yes, I have. (はい．そうです) / No, I haven't. (いいえ．ちがいます)

☐ 「期間」をたずねる…〈How long have[has]＋主語＋過去分詞〜?〉

> **How long have you lived** in Tokyo?
>
> (あなたはどのくらい東京に住んでいますか)
>
> — For one year. (1年間です)

③ 「動作の継続」を表す現在完了進行形

☐ 現在完了進行形…〈主語＋have[has]＋been＋動詞の -ing 形 ...〉「ずっと〜している」

> 現在進行形　He is playing tennis now. (彼は今テニスをしています)
>
> 現在完了進行形　He **has been playing** tennis for two hours.
>
> (彼は2時間（ずっと）テニスをしています)

テストでは **ココ**が ねらわれる

● 現在完了では「継続」の長さは，for 〜，since 〜 で表される。
● 「いつから〜ですか」は〈How long have[has]＋主語＋過去分詞〜?〉で表す。
● 現在完了は，when で始まる疑問文や，明確な過去を表す語句がある場合は使えない。

ポイント 一問一答

① 現在完了の用法(3)—継続

次の英文の（　　）内の正しいものを○で囲みなさい。

☐ (1) I have wanted a new racket (for / since) last year.

☐ (2) Mr. Green has been in Tokyo (for / since) a year.

☐ (3) My mother has been sick (for / since) two months.

☐ (4) They have lived in Hokkaido (for / since) 2000.

☐ (5) Mai and I have known each other (for / since) ten years.

②「継続」を表す否定文・疑問文

次の英文の（　　）内の正しいものを○で囲みなさい。

☐ (1) Have you (work / worked) in this shop since then?

☐ (2) Has Mamoru (been / being) absent from school?
　　　— No, he (isn't / hasn't).

☐ (3) (When / How long) have you studied English?

☐ (4) I (am not / have not) seen Bob since last year.

☐ (5) He (has / hasn't) been tired today because he slept well.

③「動作の継続」を表す現在完了進行形

次の英文の（　　）内の正しいものを○で囲みなさい。

☐ (1) We have (are / was / been) talking since this morning.

☐ (2) She has been (run / runs / running) for an hour.

☐ (3) She has been (studied / studying) math since last night.

☐ (4) My father (is / was / has been) washing a car for three hours.

 答

① (1) since　(2) for　(3) for　(4) since　(5) for
② (1) worked　(2) been, hasn't　(3) How long　(4) have not　(5) hasn't
③ (1) been　(2) running　(3) studying　(4) has been

1 〈現在完了の形〉
次の文の（　　）内の動詞を適当な形にかえて書きなさい。

(1) I have (be) taking a guitar lesson for two years.　_____

(2) Bob (leave) Japan yesterday.　_____

(3) Kate has (stay) in Tokyo since last week.　_____

(4) Mr. Sato has (teach) English for ten years.　_____

(5) Kana (have) breakfast this morning.　_____

2 〈for と since〉 重要
次の文の____に for か since のどちらかを入れなさい。

(1) Judy has practiced Japanese _____ last summer.

(2) They've lived here _____ five years.

(3) I have been sick _____ three days.

(4) I've wanted this car _____ last year.

3 〈疑問文，否定文〉 ⚠ミス注意
次の文の____に，下から適当な語を選んで入れなさい。同じ語を複数使ってもかまいません。

(1) _____ you visit your aunt?　— Yes, I _____.

(2) _____ Tom lived there since 2010?　— Yes, he _____.

(3) _____ you stayed in Paris for a week?

— No, we _____. Only for three days.

(4) Is it fine in New York?

— No. It _____ been fine all this week.

〔 have haven't has hasn't do does 〕

4 〈現在完了の意味──継続〉
次の文を日本語になおしなさい。

(1) My brother has been busy since last week.

兄は（　　　　　　　　　　　　　　　　　）。

(2) They have been swimming in the pool since they came here.

彼らは（　　　　　　　　　　　　　　　　　）。

5 〈現在完了のいろいろな表現〉 🔴重要

次の日本文の意味を表すように，＿＿＿に適当な１語を入れなさい。

⑴ ユキと知りあってから１年になります。

I ＿＿＿＿＿＿＿＿＿ ＿＿＿＿＿＿＿＿＿ Yuki for a year.

⑵ 彼は長い間妻を愛し続けています。

He has ＿＿＿＿＿＿＿＿ his wife ＿＿＿＿＿＿＿＿ a long time.

⑶ 私たちは2010年からずっと友だちです。

We have ＿＿＿＿＿＿＿＿ friends ＿＿＿＿＿＿＿＿ 2010.

⑷ 東京にはどのくらいの間住んでいるのですか。

How ＿＿＿＿＿＿＿＿ ＿＿＿＿＿＿＿＿ you lived in Tokyo?

⑸ 弟はこのコンピューターを２時間ずっと使っています。

My brother has ＿＿＿＿＿＿＿＿ ＿＿＿＿＿＿＿＿ this computer for two hours.

6 〈現在完了の文と過去の文〉 ⚠️ミス注意

次の日本文の意味を表す英文を選び，記号で答えなさい。

⑴ 彼は長年ずっと日本にいるのですか。　　　　　　　　　　　　　（　　　　）

　ア　Was he in Japan for many years?

　イ　Has he been in Japan for many years?

⑵ いつからその店で働いていますか。　　　　　　　　　　　　　（　　　　）

　ア　When did you work at the shop?

　イ　How long have you worked at the shop?

ヒント

1 現在完了は〈have[has]＋過去分詞〉。使われている語句に注意して判断する。
　➡ breakfast[brékfəst ブレクファスト] 朝食
2 for は「～の間」。期間を表す語句とともに使う。since は「～以来」。過去のある時点を表す語句とともに使う。
　➡ practice[prǽktis プラクティス] ～を練習する
3 Have[Has] ～? には，have[has] で答える。
　➡ all this week　今週ずっと
4 現在完了（継続）は「ずっと～している」のように訳す。
　➡ busy[bízi ビズィ] 忙しい
5 ⑴「知りあってから１年になる」は「１年間知っている」と考える。
　⑷「期間」は How long ～? でたずねる。
6 「現在までずっと～」のように，過去に始まったことが現在まで続いていることを表すのは現在完了。

1 🔊重要
次の文の（　　）内に入れるのに最も適当な語句を，下のア～エから選び，記号で答えなさい。

(1) Nancy (　　　) sick since last Sunday.

　　ア　is　　　　　　イ　was　　　　　　ウ　got　　　　　　エ　has been

(2) Has your father (　　　) in New York?

　　ア　stay　　　　　イ　stays　　　　　ウ　stayed　　　　エ　staying

(3) (　　　) have you lived in Chiba?

　　ア　How long　　イ　How much　　ウ　How far　　　エ　How often

(4) I (　　　) English since 2019.

　　ア　study　　　　イ　studied　　　　ウ　am studying　エ　have studied

(5) It (　　　) Hiroko's birthday yesterday.

　　ア　is　　　　　　イ　was　　　　　　ウ　has been　　　エ　has being

(6) Mr. Reed has been a teacher of English in Japan (　　　) two years.

　　ア　since　　　　イ　when　　　　　ウ　for　　　　　　エ　in

2 ⚠️ミス注意
次の日本文の意味を表すように，＿＿に適当な1語を入れなさい。

(1) 私は5年以上この車を使っています。

　　I ＿＿＿＿＿＿ ＿＿＿＿＿＿ this car ＿＿＿＿＿＿ more than five years.

(2) 彼女は10時からずっとピアノの練習をしているのですか。

　　＿＿＿＿＿＿ she ＿＿＿＿＿＿ ＿＿＿＿＿＿ the piano since ten o'clock?

(3) 先週から疲れがとれません。

　　I have ＿＿＿＿＿＿ ＿＿＿＿＿＿ since last week.

(4) ジョーンズさんは10年前から日本文化を研究しています。

　　Mr. Jones ＿＿＿＿＿＿ ＿＿＿＿＿＿ Japanese culture ＿＿＿＿＿＿ ten years.

(5) 今朝からずっと彼に会っていません。

　　I ＿＿＿＿＿＿ ＿＿＿＿＿＿ him ＿＿＿＿＿＿ this morning.

(6) 私たちは長い間こんなコンピューターを求めていたのです。

　　We ＿＿＿＿＿＿ ＿＿＿＿＿＿ such a computer ＿＿＿＿＿＿ a long time.

3 次の（　）内の語を正しい語順に並べかえなさい。

(1) A : Have you finished your homework?

　　B : Not yet.（ I / today / have / busy / been / very ）.

_____

(2) A : How many (have / in / lived / years / you) this city?

　　B : For about 20 years.

　　How many _____ this city?

4 🔑重要

各組の2文がほぼ同じ内容を表すように，____ に適当な1語を入れなさい。

(1) I became friends with him ten years ago. We are still good friends.

　　We _____ _____ good friends for ten years.

(2) Tom hasn't seen Nancy for ten years.

　　Ten years _____ _____ since Tom last saw Nancy.

(3) My brother went to bed ten hours ago, and he is still sleeping.

　　My brother has _____ _____ _____ ten hours.

(4) It is eight years since we last went to Britain.

　　We _____ _____ to Britain for eight years.

(5) Ms. Quyen is a Chinese teacher. She began teaching Chinese ten years ago.

　　Ms. Quyen has _____ Chinese _____ _____

　　_____ .

5 🔑差がつく

次の各組の対話文が成立するように，____ に適当な1語を入れなさい。(2)は最初と最後の文字が与えられている。

(1) 　　　　　Ron : Hi, Uncle Jim. It's me, Ron.

　　Ron's uncle : Oh, hi, Ron. I _____ seen you for a long time. How are

　　　　　　　　 you?

(2) A : Nice to meet you, Mr. Wilson.

　　B : Nice to meet you, too. I have h_____d a lot about you from your

　　　 father.

(3) A : Ms. Green, _____ _____ _____ you taught in Japan?

　　B : Well, I came to Japan in 2015 and I started to teach two years later.

不規則動詞の変化表

▶答え　別冊p.55

★ 次の不規則動詞の変化表（過去形・過去分詞）を完成しなさい。

1　ABA 型

原　形	（意味）	過去形	過去分詞
☐　become	～になる		
☐　come	くる		
☐　run	走る		

2　ABB 型

☐　bring	持ってくる		
☐　buy	買う		
☐　catch	つかまえる		
☐　find	見つける		
☐　get	手に入れる		
☐　have, has	持っている		
☐　hear	聞く		
☐　keep	とっておく		
☐　leave	出発する		
☐　lend	貸す		
☐　lose	なくす		
☐　make	つくる		
☐　meet	会う		
☐　say	言う		
☐　sell	売る		
☐　send	送る		
☐　sit	すわる		
☐　sleep	眠る		
☐　spend	費やす		
☐　stand	立つ		
☐　teach	教える		
☐　tell	話す		
☐　think	考える		
☐　understand	理解する		

3 ABC 型

原 形	（意味）	過去形	過去分詞
☐ begin	はじめる		
☐ break	こわす		
☐ choose	選ぶ		
☐ do, does	する		
☐ drink	飲む		
☐ drive	運転する		
☐ eat	食べる		
☐ fall	落ちる		
☐ fly	飛ぶ		
☐ give	与える		
☐ go	行く		
☐ grow	成長する		
☐ know	知っている		
☐ lie	横になる		
☐ ride	乗る		
☐ see	見える		
☐ show	示す		
☐ sing	歌う		
☐ speak	話す		
☐ swim	泳ぐ		
☐ take	取る		
☐ throw	投げる		
☐ wear	着ている		
☐ write	書く		

4 AAA 型

☐ cut	切る		
☐ put	置く		
☐ read	読む		

◎制限時間**40**分
◎合格点**80**点
▶答え　別冊p.16

| | 点 |

---

1 次の文の（　　）内から適当な語句を選びなさい。　　　　　　　〈1点×6〉

(1) A : Have you ever (see / saw / seen / seeing) a panda?

　　B : Yes, I saw some in Ueno last month.

(2) A : Jane (is / was / being / has been) in the hospital since last Wednesday.

　　B : Really? What is wrong with her?

(3) This bike won't start, because I (am not / wasn't / didn't / haven't) used it for a long time.

(4) How (often / long / many / far) has it been cloudy?

(5) We have known each other (when / for / since / as) last year.

(6) Tom has (being played / been playing / playing / been played) video games for three hours.

(1)		(2)		(3)	
(4)		(5)		(6)	

---

2 次の文の下線部は誤りを含んでいる。正しい語句に書きなおしなさい。　〈2点×6〉

(1) I have met many good people at the party last night.

(2) It was snowy since yesterday.

(3) He is wanting a new car for a long time.

(4) My father has been to London. He won't be back until next Sunday.

(5) She says she is a friend of that singer's, but she has been to the singer's house.

(6) Mr. Kato has been a teacher when he was in the U.S.

(1)		(2)	
(3)		(4)	
(5)		(6)	

3 次の対話文の＿＿＿に，適当な1語を入れなさい。 〈2点×4〉

(1) A : Have you finished your homework?

　　B : ＿＿＿＿＿＿, I ＿＿＿＿＿＿. I'm still doing it.

(2) A : I think Jane knows many good places in Tokyo.

　　B : Why?

　　A : She ＿＿＿＿＿＿ been there many ＿＿＿＿＿＿.

(3) A : ＿＿＿＿＿＿ many ＿＿＿＿＿＿ have you read this book?

　　B : I first read it a few years ago, and I read it again last month.

(4) A : How's the weather in Hokkaido?

　　B : It's snowy now. It ＿＿＿＿＿＿ ＿＿＿＿＿＿ snowing since last night.

(1)		(2)	
(3)		(4)	

4 次の日本文の意味を表すように，（　　）内の語句を並べかえなさい。 〈4点×4〉

(1) 2か月以上もほとんど雨が降っていません。

　　(for / than / little / two months / had / more / we / rain / have).

(2) お久しぶりですね。

　　(we / for / haven't / time / met / a / long).

(3) 私のおばは5年前に亡くなりました。

　　My (been / years / aunt / dead / for / five / has).

(4) メイは約1時間ずっと電話で話しています。

　　May (for / phone / been / on / about / talking / the / has / an hour).

(1)	
(2)	
(3)	
(4)	

5 次の日本文の意味を表すように，(　　) 内の語句を並べかえたとき，不足している 1 語を答えなさい。〈4点×4〉

(1) 彼女はどれくらいの間ピアノを弾いていますか。

(the piano / played / has / she / long)?

(2) あなたは今までにこれらの鳥を見たことがありますか。

(seen / you / these / have / birds)?

(3) あなたのお父さんは何回あの国に行ったことがありますか。

(been / your father / how / has / many) to that country?

(4) ジョンは 2 時間ずっとテレビゲームをしています。

John (the / has / video game / playing / for) two hours.

(1)		(2)		(3)		(4)	

6 次の日本文の意味を表すように，(　　) 内の語句を並べかえなさい。ただし，不要な語が含まれている。〈4点×4〉

(1) その本をもう読み終えましたか。

(been / you / the book / finished / have / reading) yet?

(2) あなたは去年から何本の映画を見ていますか。

(did / many / seen / last / have / movies / how / you / since) year?

(3) あなたは今までにカナダに行ったことがありますか。

(Canada / ever / have / to / you / been / still)?

(4) 私はそんな美しい景色を見たことがありません。

I've (such / beautiful / never / a / scene / saw / seen).

(1)	
(2)	
(3)	
(4)	

7 次の英文を読んで，あとの問いに答えなさい。〈(1)・(3) 4点×2，(2) 6点，(4) 7点，(5) 5点〉

Yuko is a high school student in Fukuoka now.　She is a member of the *taiko* team in her town.　She started to play the *taiko* when she was a junior high school student.

Three years ago, she went to Nara and Kyoto on a school trip.　She visited a lot of famous places and listened to old Japanese music.

She saw some *taiko* teams and became (1   ) in old Japanese music then. She wanted to know more about *taiko*, so she used the Internet and found a *taiko* team in her town.

A few days later, Yuko went to see the *taiko* team after school. The team had about twenty members. Some of them were younger than Yuko. Mr. Yamamoto, the oldest one on the team, was seventy years old. He has lived in this town for a long time. The members looked happy when they were playing the *taiko*. The sound of the *taiko* was very exciting to Yuko. She asked Mr. Yamamoto, "(2)(have / long / played / how / you) the *taiko*?" He answered, "I've played it for about sixty years." "Why have you played it (3   ) such a long time?" she asked. He answered, "Because (4) it has been my favorite thing since I was nine years old. We have played the *taiko* in this town for many years. Playing the *taiko* is important to our culture. I think we should *continue this tradition for the people living in this town."

After listening to his words, she was surprised and said, "You've done useful things for our town. I want to be like you."

Then Mr. Yamamoto said to her, "Why don't you join our team?"
She smiled and answered, "Sure, I want to play the *taiko* with the team for the people in this town, too."

*continue this tradition　この伝統を守る

(1) 空所(1)に入る適切な語を選び，記号で答えなさい。

　　ア　interested　　　イ　pleased　　　ウ　covered　　　エ　excited

(2) 下線部(2)の（　　）内の語を並べかえて，意味の通る文にしなさい。

(3) 空所(3)に入る適切な語を選び，記号で答えなさい。

　　ア　in　　　　　　イ　since　　　　ウ　before　　　　エ　for

(4) 下線部(4)を it が指すものを明らかにして日本語になおしなさい。

(5) 本文の内容に合うように次の質問に答えるとき，＿＿に入る語を答えなさい。

How long has Yuko been a member of the *taiko* team?

　　— ＿＿＿＿＿＿＿＿ ＿＿＿＿＿＿＿ years.

(1)		(2)	
(3)		(4)	
(5)			

7 いろいろな文の構造

英語の文は，主語・動詞・補語・目的語（これらを文の要素という）と，修飾語句からなる。

①〈主語＋動詞〉・〈主語＋動詞＋補語〉

☐ **〈主語＋動詞〉**

Ken runs fast.（ケンは速く走ります）
主語　動詞　修飾語

> 主語は名詞（代名詞を含む）がなる。修飾語句はどの構造の文にもつく。

☐ **〈主語＋動詞＋補語〉**

Yuki **is** my sister.（ユキは私の姉[妹]です）

Ms. Brown **looks** young.（ブラウンさんは若く見えます）

> 補語は名詞，形容詞。主語を説明するので，〈主語＝補語〉の関係がある。

・〈主語＋動詞＋補語〉になる動詞… be 動詞 / look / become / seem / get など。

②〈主語＋動詞＋目的語〉

☐ **〈主語＋動詞＋目的語〉**

Kayo **reads** a book every day.（カヨは毎日本を読みます）

I **like** to send email.（私は E メールを送るのが好きです）
　　　不定詞句が目的語

> 目的語は名詞および名詞に相当する語句がなる。
> 〈主語≠目的語〉

③〈主語＋動詞＋人＋もの〉

☐ **〈主語＋動詞＋目的語（～に）＋目的語（～を）〉**

Tom **showed** me an album.

（トムは私にアルバムを見せてくれました）

> 「～に（人）」を間接目的語，「～を（もの）」を直接目的語という。〈間接目的語≠直接目的語〉

☐ **〈主語＋動詞＋もの＋人への書きかえ〉**…目的語（～に）に

to か for をつけて目的語（～を）のあとに置く。

・to をつける動詞…give / bring / show / teach / tell など。

・for をつける動詞…buy / cook / make など。

> 主語を S，動詞を V，目的語を O，補語を C と呼ぶ。

④〈主語＋動詞（call, make など）＋目的語＋補語〉

☐ **〈call, name＋目的語＋補語〉の文**

We **call** her Emi.（私たちは彼女をエミと呼びます）

> この文構造の補語は目的語を説明するので〈目的語＝補語〉の関係がある。

☐ **〈make＋目的語＋補語〉の文**

John **made** her happy.（ジョンは彼女を幸せにしました）

☐ **〈動詞＋目的語＋補語〉になる動詞**…find / keep / leave など。

● 整序作文や和文英訳の問題では，まず主語と動詞を決めよう。
● 目的語が 2 つ並ぶときは，〈～に＋～を〉の語順になる。
●「～に」をあとに置くときは，その前に to か for がつく。

ポイント 一問一答

① 〈主語＋動詞〉・〈主語＋動詞＋補語〉

次の英文の（　）内の正しいものを○で囲みなさい。

- ☐ (1) Tom (is / lives in) New York.
- ☐ (2) He (stands / looks) fine.
- ☐ (3) Her sister (was / became to) a famous singer.
- ☐ (4) My cat usually (becomes / sleeps) under the chair.

② 〈主語＋動詞＋目的語〉

次の英文の（　）内の正しいものを○で囲みなさい。

- ☐ (1) I (like / become) ice cream.
- ☐ (2) She has (a pen / with a pen).
- ☐ (3) We want (to see / see) that movie.
- ☐ (4) Who (used / stopped) my cup?

③ 〈主語＋動詞＋人＋もの〉

次の英文の（　）内の正しいものを○で囲みなさい。

- ☐ (1) Mr. Brown teaches (us English / English us).
- ☐ (2) He (brought / took) a picture to me.
- ☐ (3) My sister cooked breakfast (for / to) me.

④ 〈主語＋動詞 (call, make など)＋目的語＋補語〉

次の英文の（　）内の正しいものを○で囲みなさい。

- ☐ (1) They (named / kept) their baby Carol.
- ☐ (2) The news (made sad us / made us sad).
- ☐ (3) I'm Thomas. My friends call (me Tom / Tom for me).

答
① (1) lives in　(2) looks　(3) was　(4) sleeps
② (1) like　(2) a pen　(3) to see　(4) used
③ (1) us English　(2) brought　(3) for
④ (1) named　(2) made us sad　(3) me Tom

1 〈主語＋動詞・主語＋動詞＋補語〉
次の日本文の意味を表すように，（　　）内の語句を並べかえなさい。

(1) ナンシーは非常に速く走ります。

Nancy (fast / runs / very).

Nancy ＿＿＿＿＿＿＿＿＿＿＿＿＿＿＿＿＿＿＿＿＿＿＿＿＿ .

(2) あなたのお父さんはとても若く見えますね。

(very / your father / young / looks).

＿＿＿＿＿＿＿＿＿＿＿＿＿＿＿＿＿＿＿＿＿＿＿＿＿＿＿＿＿

(3) 彼は10時に東京に到着しました。

(Tokyo / in / arrived / he) at ten o'clock.

＿＿＿＿＿＿＿＿＿＿＿＿＿＿＿＿＿＿＿＿ at ten o'clock.

(4) 私はテニスクラブの一員になりました。

(a / became / member / I) of the tennis club.

＿＿＿＿＿＿＿＿＿＿＿＿＿＿＿＿＿＿＿＿ of the tennis club.

2 〈主語＋動詞＋目的語・主語＋動詞＋目的語＋目的語〉
次の英文の（　　）内の正しいものを○で囲みなさい。

(1) I (played my friends soccer / played soccer with my friends) after school.

(2) I like (reading magazines / to reading magazines) very much.

(3) My mother (made me for / made to me / made me) a cup of tea this morning.

(4) Mr. Tanaka often tells (us a funny story / a funny story us / us a story funny).

3 〈文の要素〉 🔴重要
下線の語句が動詞なら **V**，補語なら **C**，目的語なら **O** を書きなさい。

(1) I ① feel very ② happy.　　　　　　　　　　　　① (　　) ② (　　)

(2) He ① asked ② me ③ a question.　　　① (　　) ② (　　) ③ (　　)

(3) I'll ① send ② you ③ this book.　　　① (　　) ② (　　) ③ (　　)

(4) He ① left ② the door ③ open.　　　① (　　) ② (　　) ③ (　　)

4 〈文構造の転換〉 **→重要**
次の各組の2文がほぼ同じ内容を表すように，＿＿＿に適当な1語を入れなさい。

(1) Taro is a good cook.

Taro ＿＿＿＿＿＿＿ well.

(2) Mary showed me an old map.

Mary showed an old map ＿＿＿＿＿＿ ＿＿＿＿＿＿ .

(3) My father bought a bike for me.

My father bought ＿＿＿＿＿＿ ＿＿＿＿＿＿ ＿＿＿＿＿＿ .

5 〈総合問題①〉 **→重要**
（　）内の語句を入れるのに適した位置の記号を，○で囲みなさい。

(1) I ア met イ at the restaurant ウ last Sunday エ . (Mr. Smith)

(2) She ア looked イ very ウ yesterday エ . (sad)

(3) My uncle ア gave イ his old camera ウ me エ . (to)

(4) They ア sent イ a present ウ for her birthday エ last month オ . (Mary)

(5) John ア named イ Rocky ウ . (his dog)

6 〈総合問題②〉 **⚠ミス注意**
次の日本文の意味を表すように，＿＿＿に適当な1語を入れなさい。

(1) 彼は私に彼の家族の写真を見せてくれました。

He ＿＿＿＿＿＿ ＿＿＿＿＿＿ pictures of his family.

(2) あなたにノートをあげましょう。

I'll give ＿＿＿＿＿＿ a ＿＿＿＿＿＿ .

(3) 彼がその知らせを私に教えてくれました。

He told the news ＿＿＿＿＿＿ ＿＿＿＿＿＿ .

(4) エミはとても幸せそうに見えました。

Emi ＿＿＿＿＿＿ very ＿＿＿＿＿＿ .

ヒント

1 まずは主語と動詞を組み合わせてみる。
　▶ arrive[əráiv アライヴ] 到着する　member[mémbər メンバァ] 会員，部員
2 それぞれの動詞がとる文構造に注意。
　▶ magazine[mægəzíːn マガズィーン] 雑誌　funny[fʌ́ni ファニィ] おかしい
4 ▶ cook[kuk クック] 料理人　bought[bɔːt ボート] buy（〜を買う）の過去形
5 6 動詞に注目し，文構造を考えること。

1 次の（　　）内の語句を正しい語順に並べかえなさい。

(1) He (tired / looked / yesterday / very).

He _____ .

(2) Ken (to / walk / every day / I / school / and).

Ken _____ .

(3) My mother (me / bag / this / bought / cute) last week.

My mother _____ last week.

(4) (excited / the / news / us / made).

_____

2 （重要）次の(1)〜(5)の文と同じ文構造の文を下のア〜オから選び，記号で答えなさい。

(1) Can you tell me the reason?　　　　　　　　　　　　　（　　　）

(2) My father works as a volunteer.　　　　　　　　　　（　　　）

(3) Tom's sister became a famous writer.　　　　　　　　（　　　）

(4) I called her name loudly.　　　　　　　　　　　　　（　　　）

(5) Your letter made me happy.　　　　　　　　　　　　（　　　）

　　ア　I lent my dictionary to her.

　　イ　You'll find this book interesting.

　　ウ　Could you give me another ten minutes?

　　エ　He gets angry easily.

　　オ　Three rivers run through this town.

3 次の英文の（　　）内の正しいものを〇で囲みなさい。

(1) I often (look / see) him in the park. He (walks / works) his dog every morning.

(2) My hobby (is / has) reading books. I usually (read / watch) after dinner.

(3) I (become / am) busy now, so please (call me / call it for me) again after nine o'clock.

(4) My grandfather (sent to us / sent us) vegetables last month. They (ate / tasted) very good.

(5) My mother (told / said) to me, "It's hot, so leave (open the windows / the windows open)."

(6) Mike (found / took) me a good restaurant. I really (made / enjoyed) the dishes.

4 次の各組の2文がほぼ同じ内容を表すように，＿＿ に適当な1語を入れなさい。

(1) I gave her a bottle of water.

I gave a bottle of water ＿＿＿＿＿ ＿＿＿＿＿ .

(2) My mother got a pretty doll for me.

My mother got ＿＿＿＿＿ a ＿＿＿＿＿ ＿＿＿＿＿ .

(3) Mr. Yamada is our math teacher.

Mr. Yamada teaches ＿＿＿＿＿ to ＿＿＿＿＿ .

(4) What is the name of your baby?

＿＿＿＿＿ did you ＿＿＿＿＿ your baby?

5 次の日本文の意味を表すように，（   ）内の語を並べかえなさい。ただし，不要な語が1つずつ含まれている。

(1) 彼のおかげで，私はとても幸せになりました。

(made / so / he / became / happy / me).

＿＿＿＿＿＿＿＿＿＿＿＿＿＿＿＿＿＿＿＿＿＿＿＿＿＿＿＿＿

(2) 彼は有名な芸術家にちなんで名づけられた。

He (a / named / famous / name / was / after / artist).

He ＿＿＿＿＿＿＿＿＿＿＿＿＿＿＿＿＿＿＿＿＿＿＿ .

(3) この写真は，お父さんがとったのですか。

(picture / by / was / your / took / taken / this) father?

＿＿＿＿＿＿＿＿＿＿＿＿＿＿＿＿＿＿＿＿＿＿＿ father?

(4) 私は部屋をきれいにしておくよう努力します。

I will try (clean / the / to / room / cleaned / keep).

I will try ＿＿＿＿＿＿＿＿＿＿＿＿＿＿＿＿＿＿＿＿＿＿＿ .

8 不定詞を使った文(1)

① 不定詞の形と3用法

□ **不定詞の形**…〈to＋動詞の原形〉

> He likes [liked] **to play** tennis.
>
> (彼はテニスをするのが好きです [好きでした])

> 不定詞は〈to＋動詞の原形〉なので，動詞の原形のあとにその目的語になる名詞が続くことがある。

□ **不定詞の3用法**…不定詞は文中で名詞，形容詞または副詞の役割をする。

② 名詞的用法

□ **「～すること」**…名詞と同じ働きをし，動詞の目的語，文の主語または補語になる。

> I want **to make** a new computer. (私は新しいコンピューターをつくりたいです)
> 主語 動詞　　目的語

> **To study** English is important for us. (英語を勉強することは私たちにとって重要です)
> 　　主語　　　　　　　　動詞　　補語

> My hobby is **to go** fishing. (私の趣味は釣りに行くことです)
> 主語　　動詞　補語

③ 形容詞的用法

□ **「～するための…」「～すべき…」**…前にある名詞，代名詞を修飾する。

> Please give me something **to drink**. (私に飲み物 [飲むためのもの] をください)

> I have a lot of work **to do** today. (私は今日すべき仕事がたくさんあります)

> He has no house **to live** in. (彼には住む家がありません)

> 「飲むための熱いもの」は something hot to drink とする。

④ 副詞的用法

□ **「～するために」(目的)**…副詞のように動詞を修飾する働きをする。

> He went to the park **to play** tennis.
> 　　　　　　　　　　　　　　　　　　公園に行った目的
>
> (彼はテニスをするために公園へ行きました)

> Why ...? の疑問文の答えに用いる副詞的用法："Why did you go there?" "To study English."

□ **「～して」(原因)**…副詞のように形容詞を修飾する働きをする。

> I was happy **to see** her there. (私はそこで彼女に会えてうれしかったです)
> 　　　　　　　　　　happy という感情の原因

テストではココがねらわれる

●不定詞は〈to＋動詞の原形〉で，動詞の原形のあとに名詞が続くこともある。
●名詞的用法は「〜すること」，形容詞的用法は「〜するための…」「〜すべき…」，副詞的用法
　は「〜するために」「〜して」と訳す。

ポイント 一問一答

① 不定詞の形と３用法

次の英文の（　　）内の正しいものを○で囲みなさい。

☐ ⑴ I want (to / of) drink a cup of coffee.

☐ ⑵ Do you have something to (eat / eating)?

☐ ⑶ I wake up early (to walking / to walk) my dog.

② 名詞的用法

次の英文の（　　）内の正しいものを○で囲みなさい。

☐ ⑴ She likes (to listening / to listen) to music.

☐ ⑵ (To exercise / With exercise) every day is important.

☐ ⑶ My job is (looked / to look) after our cats.

☐ ⑷ I want (to go / gone) to the zoo.

③ 形容詞的用法

次の英文の（　　）内の正しいものを○で囲みなさい。

☐ ⑴ He has many books (to read / to reading).

☐ ⑵ I have (rice balls / tennis balls) to eat for lunch.

☐ ⑶ Do you have anything (to write / written) with?

☐ ⑷ I will get you (something cold / cold something) to drink.

④ 副詞的用法

次の英文の（　　）内の正しいものを○で囲みなさい。

☐ ⑴ She went there (to see / to seeing) Nancy.

☐ ⑵ He was surprised (heard / to hear) the news.

答

① ⑴ to　⑵ eat　⑶ to walk

② ⑴ to listen　⑵ To exercise　⑶ to look　⑷ to go

③ ⑴ to read　⑵ rice balls　⑶ to write　⑷ something cold

④ ⑴ to see　⑵ to hear

1 〈不定詞の形〉
次の英文の (　　) 内の正しいものを〇で囲みなさい。

(1) Ken suddenly started to (run / ran / running).

(2) Meg wants (becoming / to becoming / to be) a pianist.

(3) John is busy. He has a lot of things (doing / did / to do).

(4) I'm very happy (to see / saw / seen) you again.

(5) A：Why did you go to the park?

　　B：(I play / To play / Let's play) tennis.

2 〈不定詞の意味〉 ⚠ ミス注意
次の英文の下線部の表す意味を，下のア〜ウから選び，記号を〇で囲みなさい。

(1) Nancy has saved money <u>to go to the U.S.</u>

　　ア　アメリカに行くために　　イ　アメリカに行くべき　　ウ　アメリカに行くこと

(2) What is the best way <u>to go to the U.S.?</u>

　　ア　アメリカに行くこと　　イ　アメリカに行くための　　ウ　アメリカに行った

(3) My dream is <u>to go to the U.S.</u>

　　ア　アメリカに行くべき　　イ　アメリカに行くこと　　ウ　アメリカに行くために

3 〈不定詞の位置〉
次の文のどこに to を入れるのが適当か，その位置の記号を〇で囲みなさい。

(1) I ァ want ィ buy ゥ bread and ェ milk.

(2) I have ァ a dream. It's ィ see ゥ the Earth ェ from the moon.

(3) I have ァ something ィ buy ゥ at ェ this supermarket.

(4) Can you tell ァ me ィ something ゥ nice ェ have for lunch?

4 〈不定詞を含む文〉
次の日本文の意味を表すように，＿＿に適当な 1 語を入れなさい。

(1) 私は始発電車に乗るために早く家を出ました。

　　I left home early ＿＿＿＿＿＿ ＿＿＿＿＿＿ the first train.

(2)「ジム，もう寝る時間だよ」「まだ寝たくないよ」

　　"Jim, it's time ＿＿＿＿＿＿ ＿＿＿＿＿＿ to bed." "I don't want to sleep yet."

(3) 彼女はその試合に勝って喜びました。

She was happy _____ _____ the game.

5 〈不定詞の用法〉 🔊重要

下線部の不定詞と同じ用法の不定詞を含む文を，下のア〜ウから選び，記号を○で囲みなさい。

(1) I went to the river to enjoy fishing.

　　ア　I want to enjoy the party.

　　イ　Do you have time to enjoy watching a movie?

　　ウ　I often go to a concert to enjoy music.

(2) He began to talk about his hobbies.

　　ア　I am here to talk with Mr. Suzuki.

　　イ　I don't want to talk to him now.

　　ウ　I called him to talk about the trip plan.

(3) Are there many places to visit in Tokyo?

　　ア　We got up early to visit that village.

　　イ　I have some friends to visit during my stay in Tokyo.

　　ウ　She is planning to visit the museum this summer.

6 〈前置詞のある不定詞〉 🔊重要

次の英文の（　　）内の正しいものを○で囲みなさい。

(1) Do you have a pen? I don't have anything to write (to / with / at).

(2) We have a problem to talk (with / about / from).

(3) Many people of that country don't have a house to live (with / in / on).

ヒント

　1 不定詞の形は時制や主語に左右されない。
　　➡ suddenly[sʌ́dnli サドゥンリィ] 突然
　2 それぞれの不定詞が文中でどのような働きをしているかを考える。
　　➡ dream[dri:m ドゥリーム] 夢
　3 文法的におかしな部分がないかを気をつけて見る。
　　➡ supermarket[súːpərmɑːrkit スーパマーケト] スーパーマーケット
　4 (1)「電車に乗る」は take[catch] a train。
　　➡ left[left レフト] leave（〜を去る）の過去形　it is time to 〜 そろそろ〜してもいいころだ
　5 それぞれの不定詞の用法と意味を考える。
　　➡ trip[trip トゥリップ] 旅行　plan[plæn プラン] 計画　village[vílidʒ ヴィレヂ] 村
　　　be planning to 〜 〜する予定である（≒ be going to 〜）
　6 それぞれの〈動詞＋前置詞〉の組み合わせがどのような意味になるかを考える。

1 （重要）
次の文の（　　）内に入れるのに最も適当な語句を，下のア～エから選び，記号で答えなさい。

(1) We can use the Internet (　　　) some information.
　　ア　getting　　　　イ　get　　　　ウ　got　　　　エ　to get

(2) It may rain this evening. Please don't forget (　　　) an umbrella.
　　ア　brought　　　　イ　bringing　　　ウ　to bring　　　エ　brings

(3) I want (　　　) drink. I'm thirsty.
　　ア　to something cold　　　　　　　イ　something to cold
　　ウ　something cold　　　　　　　　　エ　something cold to

2 （ミス注意）
次の文の＿＿に適当な前置詞を入れなさい。不要な場合は×を書くこと。

(1) That is pleasant music to listen ＿＿＿＿＿＿.

(2) Is Paris an interesting city to visit ＿＿＿＿＿＿?

(3) They chose a house to live ＿＿＿＿＿＿ before they moved to London.

(4) We don't have much food to eat ＿＿＿＿＿＿.

3
次の各組の2文がほぼ同じ内容を表すように，＿＿に適当な1語を入れなさい。

(1) I want to be a professional baseball player. That's my dream.
　　My dream is ＿＿＿＿＿＿ ＿＿＿＿＿＿ a professional baseball player.

(2) We can visit many places in this town.
　　There are many places ＿＿＿＿＿＿ ＿＿＿＿＿＿ in this town.

(3) We don't have anything to drink in the refrigerator.
　　We have ＿＿＿＿＿＿ to ＿＿＿＿＿＿ in the refrigerator.

(4) I'm glad because I hear that you will come to Japan next month.
　　I'm glad ＿＿＿＿＿＿ ＿＿＿＿＿＿ that you will come to Japan next month.

4 次の対話文の（　　）内の語を並べかえなさい。

(1) A : You went to Tokyo last night? Why?

　　B : Oh, I (there / see / went / game / to / a / baseball).

　　Oh, I _____ .

(2) A : You're so *sweaty. Take off your shirt.　　　　　　　　　*sweaty　汗だくだ

　　B : It's very hot outside. (something / to / give / cold / drink / me).

　　_____

5 ●重要

次の日本文の意味を表すように，（　　）内の語句を並べかえなさい。

(1) 何かおもしろい読み物を貸してくれませんか。

(me / interesting / to / will / read / something / lend / you)?

_____

(2) 東京ではどこを訪れたいですか。

(like / would / you / visit / to / where) in Tokyo?

_____ in Tokyo?

(3) 何か書くものを貸してくれませんか。

Would you lend (something / with / to / me / write)?

Would you lend _____ ?

(4) 駅で彼女と会う機会があって幸運でした。

I (was / to meet / a chance / lucky / to / her / have) at the station.

I _____ at the station.

6 書がつく

次の日本文を（　　）内の語句と不定詞を用いて英語になおしなさい。（　　）内の語句は適当
な形になおして用いること。

(1) 彼女は英語を勉強することが好きです。(like)

_____

(2) 彼にはやるべき宿題がたくさんあります。(have, a lot of, do)

_____

(3) 私は先週，私の友人の1人に会うために東京に行きました。(go, one of)

_____

(4) 私は，メグがあなたの妹であることを知って驚いています。(surprise, Meg, that)

_____

9 不定詞を使った文(2)

① 〈疑問詞＋to ～〉の形

☐ **how to ～**「どのように～したらよいか」→「～の仕方」

I don't know **how to use** a computer.

(私はコンピューターの使い方がわかりません)

> その他の 〈疑問詞＋to ～〉
> where to ～（どこで～すればよいか）
> when to ～（いつ～すればよいか）
> which to ～（どちらを～すればよいか）

☐ **what to ～**「何を～したらよいか」

Please tell me **what to do** next.

(次に何をしたらよいか教えてください)

② 〈動詞＋目的語（人）＋to ～〉の形で使われる動詞

☐ 〈**want**＋目的語（人）+to ～〉「…に～してほしい」

I **want you to play** the guitar. (私はあなたにギターを弾いてもらいたいです)

☐ 〈**tell**＋目的語（人）+to ～〉「…に～するように言う」

My father **told me to study** harder. (父は私にもっと熱心に勉強するように言いました)

☐ 〈**ask**＋目的語（人）+to ～〉「…に～するように頼む」

She **asked him to go** with her. (彼女は彼にいっしょに行ってくれるように頼みました)

③ その他の重要表現

☐ **It is ... (for＿ (人)) to ～**「(―が) ～するのは…だ」

It is easy (**for** him) **to play** tennis. ((彼が) テニスをするのは簡単です)
└─ 形式主語（主語となる不定詞の代わりに形式的に置かれている主語）

☐ **too ... (for＿ (人)) to ～**「とても…なので (―は) ～できない」「～することは (―には) あまりに…だ」

The book is **too** difficult **for** me **to** read.

＝The book is **so** difficult **that** I **can't** read it.

(その本はとても難しくて私には読めません)

☐ **... enough (for＿ (人)) to ～**「(―が) ～するのに十分なほど…」

The river is warm **enough for** us **to** swim in.

(川は私たちが泳ぐのに十分な温かさです)

☐ 〈**主語＋動詞＋人＋原形不定詞 (＝to のない不定詞) ～.**〉…let, make, help など

I **made** my sister **go** home. (私は妹 [姉] を家に帰らせました)

62

テストでは **ココ**が ねらわれる

● 〈疑問詞＋to ～〉の意味を正確に理解しよう。
● want[tell, ask] ... to ～ の文や，It is ... (for ＿) to ～ の文はよく出題される。
● too ... to ～⇄ so ... that ＿ can't ～ の書きかえに注意。

ポイント 一問一答

① 〈疑問詞＋to ～〉の形

次の英文の（　　　）内の正しいものを○で囲みなさい。

☐ (1) Please tell me (what I do / what to) buy at the store.

☐ (2) I want to know (what / how) to drive a car.

☐ (3) I don't know (which / which I do) to choose.

☐ (4) Please tell me (how to do / what to do) after I finish this work.

☐ (5) I don't know (when to do / when) to meet them.

② 〈動詞＋目的語（人）＋to ～〉の形で使われる動詞

次の英文の（　　　）内の正しいものを○で囲みなさい。

☐ (1) I want you (stay / to stay) home today.

☐ (2) He told me (help / to help) Mary.

☐ (3) She asked him (cooking / to cook) something.

☐ (4) She wants you (understood / to understand) her feelings.

☐ (5) He asked his teacher (opens / to open) the window.

☐ (6) She told them (to research / researching) the problem.

③ その他の重要表現

次の英文の（　　　）内の正しいものを○で囲みなさい。

☐ (1) (It / This) was easy for her to pass the test.

☐ (2) I was (more / too) busy to go to the party.

☐ (3) He is (kind enough / enough kind) to help me with my homework.

☐ (4) My mother (made / to make) me study.

☐ (5) It was (too / more) difficult for me to talk to others in English.

☐ (6) He (is enough / has enough) money to buy that watch.

 答

① (1) what to　(2) how　(3) which　(4) what to do　(5) when
② (1) to stay　(2) to help　(3) to cook　(4) to understand　(5) to open　(6) to research
③ (1) It　(2) too　(3) kind enough　(4) made　(5) too　(6) has enough

基 礎 問 題

▶答え　別冊p.24

1 〈疑問詞＋to 不定詞〉
次の英文の意味を表す日本文を下線部に注意して完成しなさい。

(1) I will teach you <u>how to use this computer.</u>

私が（　　　　　　　　　　　　　　　　　　　　）をあなたに教えてあげましょう。

(2) Do you know <u>what to do</u> to save nature?

あなたは自然を守るために（　　　　　　　　　　　　　　）わかりますか。

(3) We didn't know <u>where to buy a ticket.</u>

私たちは（　　　　　　　　　　　　　　　　　　　）わかりませんでした。

(4) I can't decide <u>which to choose.</u>

私は（　　　　　　　　　　　　　　　　　　　　　　　）決められません。

2 〈動詞＋目的語（人）＋to ～〉🔲重要
次の日本文の意味を表すように，＿＿＿＿に適当な1語を入れなさい。

(1) 私はあなたにこの作文を読んでほしいです。

I ＿＿＿＿＿＿＿＿＿ you ＿＿＿＿＿＿＿＿＿ read this essay.

(2) 先生は私たちに静かにするように言いました。

Our teacher ＿＿＿＿＿＿＿＿＿＿＿＿＿＿＿ to be quiet.

(3) 私は母に1,000円くれるように頼みました。

I ＿＿＿＿＿＿＿＿＿ my mother to ＿＿＿＿＿＿＿＿＿ me 1,000 yen.

(4) 私はあなたに，ビルに私たちのチームに入るように言ってほしい。

I ＿＿＿＿＿＿＿＿＿ you to ＿＿＿＿＿＿＿＿＿ Bill to join our team.

3 〈It is ... (for ＿（人）) to ～〉
次の英文の意味を表す日本文を，下のア～ウから選び，記号を〇で囲みなさい。

(1) It is difficult to write a letter in English.

ア　それは難しい英語で書いた手紙です。

イ　難しいので英語の手紙は書けません。

ウ　英語で手紙を書くことは難しいです。

(2) It is important for us to understand each other.

ア　それは，私たちがお互いに理解するうえで大切なことです。

イ　私たちにとってお互いを理解することは大切です。

ウ　私たちはみな，大切な存在なので，お互いを理解する必要があります。

64

4 〈too ... (for __ (人)) to ~ の文〉 **重要**
次の各組の2文がほぼ同じ内容を表すように，____に適当な1語を入れなさい。

(1) I am very tired, so I can't study now.

I am too tired _____ study now.

(2) He got up too late, so he couldn't catch the bus.

He got up too late to _____ the bus.

(3) He can't buy the toy because it's very expensive.

The toy is too expensive _____ him to buy.

(4) The rain is too heavy for us to go out.

The rain is so heavy _____ we can't go out.

5 〈不定詞を含む文〉 **重要**
次の文の（　　）内に入れるのに最も適当な語句を，下のア～エから選び，記号で答えなさい。

(1) She was too young (　　) a train alone.

　ア　for us　　　　　イ　for her　　　　ウ　to take　　　　エ　to taking

(2) Can you help me (　　) a letter in English?

　ア　write　　　　　イ　wrote　　　　　ウ　to writing　　　エ　writing

(3) Do you know (　　) exchange messages by email?

　ア　how to　　　　イ　what to　　　　ウ　how she　　　　エ　what she

(4) The flowers were cheap (　　) for me to buy.

　ア　enough　　　　イ　too　　　　　　ウ　that　　　　　エ　better

💡**ヒント**

1 「(疑問詞の意味＋) ～すればよいか」にあてはめて考えてみるとよい。
 ▶ save[seiv セイヴ] ～を救う　nature[néitʃər ネイチァ] 自然　decide[disáid ディサイド] ～と決める
 choose[tʃuːz チューズ] ～を選ぶ

2 日本文の文末にある表現から，適切な動詞を考える。
 ▶ quiet[kwáiət クワイエト] 静かな　yen[jen イェン] 円（日本の通貨単位）
 join[dʒɔin ヂョイン] ～に加わる

3 (2) each other は「お互いに」という意味で，ここでは understand の目的語。
 ▶ understand[ʌndərstǽnd アンダスタンド] ～を理解する

4 どれも「…なので～できない」という意味の文。
 ▶ tired[taiərd タイアド] 疲れた　expensive[ikspénsiv イクスペンスィヴ] 高価な
 heavy[hévi ヘヴィ] 激しい

5 どの不定詞の重要表現が使われているかを見きわめる。
 ▶ alone[əlóun アロウン] ひとりで
 exchange[ikstʃéindʒ イクスチェインヂ] ～を交換する　message[mésidʒ メセヂ] 伝言

▶答え　別冊p.25

1 次の日本文の意味を表すように，____に適当な1語を入れなさい。

⑴ 私は彼に写真をとってほしかったです。

I _____ him _____ take a picture.

⑵ この問題について何て言ったらよいかわかりません。

I don't know _____ say about this problem.

⑶ 彼は1人で旅行するのに十分な年齢です。

He is old _____ _____ travel alone.

⑷ 母は私に部屋のそうじをさせました。

My mother made _____ _____ the room.

⑸ いつ会うかを決めましょう。

Let's decide _____ _____ meet.

⑹ 私の父は私に新聞を持ってくるように頼みました。

My father _____ me _____ bring him the newspaper.

2 🔊重要

次の各組の2文がほぼ同じ内容を表すように，____に適当な1語を入れなさい。

⑴ It was so hot that we couldn't go out.

It was _____ hot _____ us _____ go out.

⑵ My grandmother cannot drive a car.

My grandmother doesn't know _____ _____ drive a car.

⑶ We cannot speak French.

It is _____ for us to speak French.

⑷ He spoke so clearly that we could understand him.

He spoke clearly enough _____ us _____ understand him.

⑸ My mother told me to be at home.

My mother said to me, " _____ go out."

⑹ We want to know what to do to win the game.

We want to know what _____ _____ do to win the game.

3 次の日本文の意味を表すように, ( ) 内の語句を並べかえなさい。

(1) 私は彼に駅で待つように言いました。

(the station / told / I / to / him / at / wait).

_____

(2) 私は彼に郵便局への行き方をたずねました。

(the post office / to / asked / I / how / him / get / to).

_____

(3) この本はあなたが買うのに十分なほどおもしろいです。

(buy / enough / book / this / interesting / is / you / to / for).

_____

(4) 父は私にそのテレビゲームをさせませんでした。

(me / my / let / play / father / didn't / the) video game.

_____ video game.

4 ⚠ ミス注意
次の英文を ( ) 内の指示にしたがって書きかえなさい。

(1) He read the book easily. (It で始めて同意の文に)

_____

(2) The question was too difficult for me to answer. (so ... that ~ を用いて同意の文に)

_____

5 差がつく
次の日本文を ( ) 内の語を用いて英語になおしなさい。

(1) あなたはチェスの遊び方を知りたいのですか。(do, how, chess)

_____

(2) 私たちにとって最善を尽くすことが大切です。(it, us, do, best)

_____

1 次の文の（　　）内に入れるのに最も適当な語句を，下のア〜エから選び，記号で答えなさい。

〈1点×5〉

(1) It was (　　　) cold to go outside without gloves yesterday.

　　ア　too　　　　　　　イ　as　　　　　　　ウ　for　　　　　　エ　that

(2) My mother often (　　　) me to wash my face before I have breakfast.

　　ア　tells　　　　　　イ　says　　　　　　ウ　talks　　　　　エ　speaks

(3) He wants (　　　) baseball after school today.

　　ア　plays　　　　　　イ　played　　　　　ウ　playing　　　　エ　to play

(4) This is our friend Elizabeth. We call (　　　) Betty.

　　ア　he　　　　　　　イ　her　　　　　　ウ　him　　　　　　エ　his

(5) A : Can you help me (　　　) the baggage?

　　B : Sure. It looks too heavy for you to carry.

　　ア　to carrying　　　イ　for carrying　　ウ　carried　　　　エ　carry

(1)		(2)		(3)		(4)		(5)	

2 次の(1)〜(5)の文と同じ文構造の文をア〜オから1つずつ選び，記号で答えなさい。　　〈1点×5〉

(1) What do you call this flower in Japanese?

(2) Please give me something to drink.

(3) My father goes to his office by bus.

(4) This is more popular than any other song.

(5) I don't know how to spell the word.

　　ア　How long have you been in the library?

　　イ　He made his daughter a great artist.

　　ウ　The cake looks so delicious!

　　エ　My mother made me a pretty dress.

　　オ　I'll buy a nice present for her birthday.

(1)		(2)		(3)		(4)		(5)	

3 次の日本文の意味を表すように，____に適当な１語を入れなさい。 〈2点×5〉

(1) 私の娘は一人で買い物に行くには幼すぎます。

My daughter is _____ _____ to go shopping alone.

(2) 彼の父は彼をそのコンサートに行かせませんでした。

His father didn't _____ him _____ to the concert.

(3) その女の人は親切にも私たちに駅に行く道を教えてくれました。

The woman was _____ _____ to show us the way to the station.

(4) いつ集合すればいいか教えてくれますか。

Can you tell me _____ _____ meet?

(5) 彼は，私の兄が彼の数学の先生だとわかって驚きました。

He was _____ to _____ that my brother was his math teacher.

(1)		(2)	
(3)		(4)	
(5)			

4 次の（　　）内の語を補って英文を完成させるとき，入れるのに最も適当な場所をア〜エから選び記号で答えなさい。 〈2点×5〉

(1) Paul, ア can イ you help ウ me エ my homework?　(do)

(2) ア The baby was イ named ウ by her parents エ.　(Maria)

(3) The medicine ア made イ much ウ better エ.　(her)

(4) Shall ア I bring イ something ウ hot エ to drink?　(you)

(5) ア I didn't know イ to say ウ to エ her.　(what)

(1)		(2)		(3)	
(4)		(5)			

5 次の各組の2文がほぼ同じ内容を表すように，＿＿＿に適当な1語を入れなさい。 〈5点×4〉

(1) Where should I go to get the ticket? Do you know?

Do you know ＿＿＿＿＿＿ ＿＿＿＿＿＿ go to get the ticket?

(2) To watch soccer games on TV is interesting for us.

＿＿＿＿＿＿ is ＿＿＿＿＿＿ for us to watch soccer games on TV.

(3) I was sorry when I heard the news.

I was sorry ＿＿＿＿＿＿ ＿＿＿＿＿＿ the news.

(4) When she read the story, she felt very sad.

The story ＿＿＿＿＿＿ her very ＿＿＿＿＿＿.

(1)			(2)		
(3)			(4)		

6 次の日本文の意味を表すように，（　　）内の語を並べかえなさい。 〈6点×4〉

(1) 京都駅への行き方を私に教えてもらえませんか。

(tell / will / you / to / to / how / me / get) Kyoto Station?

(2) 彼女には助けてくれる友人がたくさんいます。

(of / her / she / to / has / friends / help / lots).

(3) 東京には訪れるべき有名な場所がたくさんあります。

(are / to / places / there / lot / visit / of / famous / a) in Tokyo.

(4) これらの本は難しすぎて私には読めません。

(books / for / too / read / difficult / me / to / these / are).

(1)	
(2)	
(3)	
(4)	

70

7 次の英文の（ 1 ）〜（ 3 ）に入る最も適当な語句を下のア〜エから選び，記号で答えなさい。 〈4点×3〉

Science is a very important part of sports today. In fact, science controls almost everything in an *athlete's life. Scientists decide what athletes should eat and when they should eat. They decide what practices athletes should do and for how many hours they should practice. Other scientists plan and make better shoes for athletes, or better sports wear and *equipment. We have these "sports scientists" everywhere in *modern sports. You can even study sports science at college!

Modern science studies every part of an athlete's *performance. Scientists use cameras and some other equipment （ 1 ） a lot of information. They use this information in many ways. First, they make a training program to *match each athlete's body. They show each athlete the best way to use their energy. Scientists also use the information to help athletes to play better and win.

More and more athletes are （ 2 ） sports *psychologists, too. These sports scientists help the athletes to be a good player. They also show athletes （ 3 ） become a winner. Sports psychologists are now an important part of the large group of people that help athletes.

*athlete 運動選手　　equipment 装置　　modern 現代の　　performance 行動
match 〜に合わせる　　psychologists 心理学者

(1) ア collect 　　イ to collect 　　ウ collected 　　エ collection
(2) ア started using 　　イ starting to use 　　ウ used to start 　　エ using to start
(3) ア plan to 　　イ how to 　　ウ which to 　　エ hope to

(1)		(2)		(3)	

8 次の下線部を，文脈に合うように英語で表現しなさい。ただし，（　　）内に指示がある場合は，それに従うこと。 〈7点×2〉

(1) A : What's wrong with Bob?
B : I don't know. 疲れすぎて一言も言えないようだったよ。（look を使って）

(2) A : Did you see Simon? 彼にこの箱を運ぶように頼んだのよ。 But he hasn't come.
B : Oh, he was in the library.

(1)	
(2)	

10 間接疑問・会話表現

重要ポイント

① 間接疑問

□ **間接疑問**…疑問文が他の文の一部になり，ふつうの文の語順になったもの。

> do you think と結びつく場合，次の語順になる。
> What do you think this is?
> （これは何だと思いますか）

What <u>is this</u>?

→ I don't know **what this is**. （私はこれが何だか知りません）
〈疑問詞＋主語＋動詞〉

Where does he come from?

→ Do you know **where he** | **comes** | **from**? （きみは彼がどこの出身だか知っていますか）

> does がなくなり，come は he に合わせて comes になる。

Who <u>did it</u>?

→ I don't know **who** | **did it** . （私はだれがそれをしたのか知りません）

> 疑問詞が主語の場合，語順はかわらない。

② 日常会話

□ 道案内

　A：Excuse me, **will[can] you tell me the way to** the museum?

　　（すみませんが，博物館へ行く道を教えていただけますか）

　B：**Sure. Go straight** along this street. **Turn right at** the third corner. Then **turn left at** the next crossing. **You'll see** it **on your left.**

　　（いいですよ。この通りをまっすぐ行ってください。3番目の角を右に曲がってください。そして，その次の交差点を左に曲がってください。左手に博物館が見えますよ）/

　　I'm sorry, **I'm a stranger here**. （すみません，ここはよく知らないんです）

□ 電話の応答

　A：**Hello. This is** A. **Can I speak to** B, **please?**

　　（もしもし。こちらはAです。Bさんはいらっしゃいますか）

> Sorry, but she is out.
> （すみません，ただいま出かけております）といった受け答え方もできる。

　B：**Speaking. What's up?** （私です。どうしたの？）/

　　Hold on, please. （そのままでお待ちください）

□ 店で

　A：**May[Can] I help you?** （いらっしゃいませ〔何かご用ですか〕）

　B：**Yes, please.** I'm looking for a hat. （はい，ぼうしを探しています）/

　　No, thank you. I'm just looking. （いや，ちょっと見ているだけです）

テストでは **ココ**が ねらわれる

●間接疑問は，〈疑問詞＋主語＋動詞〉の語順になる。
●あいさつ，道案内，電話の応答など，場面によって決まった表現がある。
●応答の仕方なども決まったものが多い。まとめて覚えるようにしよう。

ポイント 一問一答

① 間接疑問

次の英文の（　　）内の正しいものを○で囲みなさい。

☐ (1) I don't know who (the man is / is the man).

☐ (2) Where do you think (Mary is / is Mary)?

☐ (3) Do you know what time (did Ken come / Ken came) home?

☐ (4) When do you think (will he / he will) come to Japan?

☐ (5) I want to know which bus (I should / should I) take.

☐ (6) He didn't know whose book (it was / was it).

② 日常会話

次の英文の（　　）内の正しいものを○で囲みなさい。

☐ (1) A : Excuse me, can you tell me (the way / the road) to the station?

　　 B : Sorry, I'm a stranger here.

☐ (2) A : Hello. This is John speaking. May I (speak to / talk) Mary?

　　 B : Hi, John. Sorry, she is out now.

☐ (3) A : May I (help / take) you, ma'am?

　　 B : Yes. Do you have Japanese dictionaries?

☐ (4) A : Excuse me. Could you let me know the way to the museum?

　　 B : (Great / Sure). Turn right at that corner, and you'll find it on your right.

☐ (5) A : Can I help you?

　　 B : No, (please / thank you). I'm just looking.

☐ (6) A : Excuse me, will you tell me the way to the library?

　　 B : Sure. (Go / Turn) straight along this street.

答 ① (1) the man is　(2) Mary is　(3) Ken came　(4) he will　(5) I should　(6) it was

② (1) the way　(2) speak to　(3) help　(4) Sure　(5) thank you　(6) Go

1 〈間接疑問の意味〉
次の英文を日本語になおしなさい。

(1) Please tell me where you found my key.

（　　　　　　　　　　　　　　　　　　　　　　　　　　　）教えてください。

(2) I don't know who that tall man is.

（　　　　　　　　　　　　　　　　　　　　　　　　　　　）私は知りません。

(3) What do you think she wants for her birthday?

（　　　　　　　　　　　　　　　　　　　　　　　　　　　）思いますか。

2 〈間接疑問のつくり方〉🔴重要
次の文を（　　　）内の指示にしたがって書きかえるとき，＿＿＿に適当な1語を入れなさい。

(1) What is she doing?（I don't know に続く間接疑問の文に）

→ I don't know what ＿＿＿＿＿＿ ＿＿＿＿＿＿ doing.

(2) Do you know his address?（動詞 live を用いたほぼ同意の文に）

→ Do you know where ＿＿＿＿＿＿ ＿＿＿＿＿＿ ?

(3) Who stole my cap?（I wonder に続く間接疑問の文に）

→ I wonder ＿＿＿＿＿＿ ＿＿＿＿＿＿ my cap.

3 〈間接疑問の形〉
次の日本文の意味を表すように，＿＿＿に適当な1語を入れなさい。

(1) 彼女は何が好きなのか教えて。

Tell me ＿＿＿＿＿＿ she likes.

(2) 私は彼がどこで生まれたのか知りません。

I don't know where he ＿＿＿＿＿＿ born.

(3) あなたはケンが今朝何時に起きたか知っていますか。

Do you know ＿＿＿＿＿＿ time Ken woke up this morning?

(4) 私はそのお祭りがいつはじまったのか知りません。

I don't know when the festival ＿＿＿＿＿＿ .

(5) どうして彼が君のことを怒っているのだと思いますか。

＿＿＿＿＿＿ do you think he is angry with you?

4 〈会話の応答〉 🔊重要

各組の会話を完成するのに最も適当なものを下のア〜エの中から選び、記号で答えなさい。

(1) 〔At a restaurant〕

A : (　　　) Can I have some water?

B : Sure. Just a minute, please.

ア　I'm sorry.　　　　　　　　イ　No, thank you.

ウ　Excuse me.　　　　　　　　エ　You're welcome.

(2) A : May I ask you a question?

B : (　　　)

ア　Yes, that's all.　　　　　　イ　Of course. That's right.

ウ　All right. Here you are.　　エ　O.K. Go ahead.

(3) A : Are you ready to order?

B : (　　　)

ア　I ordered her to do it.

イ　Yes, I'll have the steak with a green salad, please.

ウ　Oh, that's a wonderful dish.

エ　Yes, I read the order.

(4) A : What's the date today?

B : (　　　)

ア　It's Saturday.　　　　　　　イ　It's January 8.

ウ　It's a nice day.　　　　　　エ　It's winter.

(5) A : Excuse me, (　　　)

B : I am sorry. I'll bring your dishes right away.

A : Thank you.

ア　I ordered something wrong.　イ　my food has not come yet.

ウ　can you take my order?　　　エ　check, please.

💡ヒント

1 間接疑問は「(何が [を] ／だれが／いつ／どこで／なぜ／どのように) 〜するのか」のように訳すとよい。

2 疑問文を間接疑問にするときは動詞の形に注意。

▶ address [ədrés (米) ǽdres アドゥレス] 住所　wonder [wʌ́ndər ワンダァ] 〜かしらと思う

3 (5) 理由をたずねる疑問詞を用いる。

▶ festival [féstəvəl フェスティヴァル] 祭り

4 会話文の問題は読解問題だと考えてよい。文脈から答えを探す。

▶ ready [rédi レディ] 用意ができた　order [ɔ́ːrdər オーダァ] 注文する、注文

check [tʃek チェック] 伝票、勘定書

▶答え　別冊p.29

1 ⚠ ミス注意
各組の会話を完成するのに最も適当なものをア〜エの中から１つ選び，記号で答えなさい。

(1) A : I'm so sorry to be late.

　　B : (　　　) The meeting hasn't started yet.

　　ア　That's too bad.　　　　　イ　That's all right.

　　ウ　You're too late.　　　　　エ　You're welcome.

(2) A : May I help you?

　　B : (　　　)

　　A : Take your time, please.

　　ア　No, thank you. I'm just looking.

　　イ　Where can I find men's glasses?

　　ウ　Please show me a watch.

　　エ　Yes. Do you have any French dictionaries?

(3) A : Can I use your pencil?

　　B : Sure. (　　　)

　　A : Thank you.

　　ア　What kind of pencil do you want?

　　イ　What are you going to write?　　ウ　Here we are.

　　エ　Here you are.

2 次の各組の２文がほぼ同じ内容を表すように，＿＿に適当な１語を入れなさい。

(1) I don't know his age.

　　I don't know ＿＿＿＿＿ ＿＿＿＿＿ he is.

(2) "Where did you see my sister?" Mary said to Mike.

　　Mary asked Mike ＿＿＿＿＿ he ＿＿＿＿＿ her sister.

(3) Why don't you know his birthday?

　　Why don't you know ＿＿＿＿＿ he was ＿＿＿＿＿?

(4) She was late, but she didn't tell me the reason.

　　She didn't tell me ＿＿＿＿＿ she ＿＿＿＿＿ late.

(5) What color do you think she likes the best?

　　＿＿＿＿＿ do you think ＿＿＿＿＿ her favorite color?

3 ⚠️ ミス注意
次の日本文の意味を表すように，（　）内の語句を並べかえなさい。

(1) 郵便局がどこにあるか，あの女の子に聞いてみるよ。

(the post office / that girl / is / where / I'll / ask).

_____

(2) イチローがなぜそこへ行ったのか見当がつきますか。

(any / there / Ichiro / do / idea / you / went / have / why)?

_____

(3) メアリーがいつ帰宅するか知っていますか。

(Mary / when / will / do you know / home / come)?

_____

(4) だれが昨日ここに来たのか，あなたは知っていますか。

(you / who / here / know / came / do) yesterday?

_____ yesterday?

(5) このプレゼントはだれが送ってくれたと思いますか。

(who / do / think / sent / you / has / this) present?

_____ present?

(6) あなたは横浜市には高校がいくつあると思いますか。

How many (high schools / there / you / think / are / do) in Yokohama?

How many _____ in Yokohama?

4 🏠 差がつく
次の対話を読んで，(1)～(5)の [　] 内に示した日本語の意味を表す英語を書きなさい。

Mary : Hi, Bob. (1) [ミサがインド (India) から帰って来たって知ってる？]

(1) _____

Bob : No. Did you meet her?

Mary : Not yet. (2) [けさ，私の外出中に電話をくれたのよ。]

(2) _____

Bob : Oh, you didn't talk to her.

Mary : Mother did. (3) [日本に戻って以来ずっとかぜをひいて (catch (a) cold) いるらしいわ。]

(3) I hear that _____

Bob : That's too bad. (4) [日本のほうが寒いからね。]

(4) _____

Mary : Right. (5) [よくなったら旅行の話をしてもらうよう頼んでみない？]

(5) _____

Bob : That's a good idea.

11 that や疑問詞ではじまる節・分詞

① that 節

節とは「主語＋動詞」を持つもので，文全体の一部（文の中の文）になる。

☐ **動詞（＋人）＋that 節**…that 節が名詞の働きをして動詞の目的語になる。

I <u>know</u> that John is from Canada. （私はジョンがカナダ出身だと知っています）
　動詞　　that 以下が know の目的語

He <u>told</u> <u>me</u> that he was from Paris. （彼は私にパリ出身だと言いました）
　動詞　人　　that 以下が told の目的語

☐ **be 動詞＋形容詞＋that 節**…sure や sorry などの形容詞のあとに that 節が続く。

I'm **sure that** he will come soon.

（きっと彼はじきに来るでしょう）

> be afraid that ～「残念ながら～」
> be sorry that ～「～をすまないと思う，
> 　　　　　　　　残念ながら～」

② 間接疑問

☐ **動詞（＋人）＋間接疑問**…動詞の目的語に〈疑問詞＋主語＋動詞〉が続く。

I <u>didn't know</u> **what you said**. （私はあなたが何を言ったかわかりませんでした）
She <u>asked</u> <u>me</u> **how old I was**. （彼女は私に何歳かとたずねました）

③ 現在分詞と過去分詞

☐ **名詞を修飾する現在分詞（動詞の -ing 形）**…「～している」の意味。形容詞の働きをし，名詞を修飾。

・〈現在分詞＋名詞〉…現在分詞が単独で名詞を修飾する場合。

That **sleeping baby** is my sister. （あの眠っている赤ちゃんは私の妹です）

・〈名詞＋現在分詞＋語句〉…現在分詞が他の語句とともに名詞を修飾する場合。

The **baby sleeping** in the bed is my sister. （ベッドで眠っている赤ちゃんは私の妹です）

☐ **名詞を修飾する過去分詞**…「～された」の意味。形容詞の働きをし，名詞を修飾。

・〈過去分詞＋名詞〉…過去分詞が単独で名詞を修飾する場合。

Look at the **broken window**. （こわれた窓をごらんなさい）

・〈名詞＋過去分詞＋語句〉…過去分詞が他の語句とともに名詞を修飾する場合。

This is a **picture painted** by Picasso. （これはピカソによってかかれた絵です）

テストでは
ココが
ねらわれる

● 動詞の目的語になるのは，that 節や間接疑問もあるので，語順に注意しよう。
● 現在分詞「〜している」と過去分詞「〜された」を使い分けよう。
● 〈分詞＋名詞〉，〈名詞＋分詞＋語句〉の語順に慣れよう。

ポイント 一問一答

① that 節

次の英文の (　　) 内の正しいものを○で囲みなさい。

☐ (1) I think (it / this / that) she is sick in bed.

☐ (2) They know that (you / are you / you are) good at soccer.

☐ (3) We are sure (it / that / this) you will win the game.

☐ (4) I'm sorry that (I can't / I'm / can't I) go with you.

② 間接疑問

次の英文の (　　) 内の正しいものを○で囲みなさい。

☐ (1) I don't know when (will she / she will / does she) go to London.

☐ (2) Please tell me what (I should do / should I do / did I) next.

③ 現在分詞と過去分詞

次の英文の (　　) 内の正しいものを○で囲みなさい。

☐ (1) Do you know the (playing girl / girl playing) tennis?

☐ (2) Look at the (car running / running car) very fast.

☐ (3) The (boy talking / talking boy) with Taro is my brother.

☐ (4) Do you know that (crying / is crying) girl?

☐ (5) What is (spoken the language / the language spoken) in Brazil?

☐ (6) She has a (made bag / bag made) in Italy.

☐ (7) I met a (called boy / boy called) "Ken."

☐ (8) My father bought (a used / is used a) car.

答

① (1) that　(2) you are　(3) that　(4) I can't
② (1) she will　(2) I should do
③ (1) girl playing　(2) car running　(3) boy talking　(4) crying
　 (5) the language spoken　(6) bag made　(7) boy called　(8) a used

基礎問題

▶答え　別冊p.31

1 〈that 節〉**重要**

次の文の（　　）内に入れるのに最も適当な語句を，下のア～エから選び，記号で答え
なさい。

(1) I didn't know (　　) your father was a great artist.
　　ア　the　　　　　イ　it　　　　　ウ　this　　　　　エ　that

(2) Do you think that (　　) going to rain?
　　ア　it　　　　　イ　it will　　　　ウ　it is　　　　エ　is it

(3) Did she (　　) you that she liked you?
　　ア　say　　　　イ　said　　　　　ウ　tell　　　　エ　told

(4) I'm (　　) that he won't come to the party.
　　ア　think　　　イ　sure of　　　　ウ　afraid　　　エ　sorry to

2 〈現在分詞・過去分詞の意味〉

次の日本文の意味を表すように，（　　）内の語を適当な形にかえて ＿＿ に入れなさい。

(1) あなたのお兄さんと握手をしている男性はだれですか。
　　Who is the man ＿＿＿＿＿＿＿ hands with your brother?　　　　（shake）

(2) この地域で話されている言語は英語ですか。
　　Is the language ＿＿＿＿＿＿＿ in this area English?　　　　（speak）

(3) あのこわれた窓をごらんなさい。
　　Look at that ＿＿＿＿＿＿＿ window.　　　　（break）

(4) あなたのお姉さんと話している女性はだれですか。
　　Who is the woman ＿＿＿＿＿＿＿ with your sister?　　　　（talk）

3 〈現在分詞・過去分詞の位置〉

（　　）内の語句を入れるのに適した位置の記号を，○で囲みなさい。

(1) Don't ア wake イ up ウ the エ dog!　　　　（sleeping）

(2) The boys ア with イ Ms. Suzuki ウ are エ Nao, Ken, and Taro.　　　　（talking）

(3) What ア is イ the most popular car ウ in many エ countries?　　　　（sold）

4 〈that 節・分詞を使った文〉 🔊重要

次の各組の2文がほぼ同じ内容を表すように，＿＿に適当な1語を入れなさい。

(1) My cousin wrote an article. I will show you the article.

I will show you the article ＿＿＿＿＿＿ by my cousin.

(2) A house stands on the hill. The house is beautiful.

The house ＿＿＿＿＿＿ on the hill is beautiful.

(3) He drives a bus. Do you know it?

Do you know ＿＿＿＿＿＿ he ＿＿＿＿＿＿ a bus?

(4) A lady wears a big hat. She is Nancy's mother.

The lady ＿＿＿＿＿＿ a big hat ＿＿＿＿＿＿ Nancy's mother.

(5) Do you know this girl? She is called "Hana."

Do you know this girl ＿＿＿＿＿＿ "Hana"?

5 〈間接疑問・分詞を使った文〉

次の日本文の意味を表すように，＿＿に適当な1語を入れなさい。

(1) あなたはいつ次の電車が来るか知っていますか。

Do you know ＿＿＿＿＿＿ the next train will come?

(2) プールで泳いでいるあの女の子は私の妹です。

That girl ＿＿＿＿＿＿ in the pool is my sister.

(3) 私はベッドの下でこわれた時計を見つけました。

I found a ＿＿＿＿＿＿ watch under my bed.

(4) 彼女は私たちになぜ遅れたのかたずねました。

She asked us ＿＿＿＿＿＿ we were late.

(5) 彼は，300年以上前に建てられた城に私を連れていってくれました。

He took me to a castle ＿＿＿＿＿＿ more than 300 years ago.

💡**ヒント**

1 (1)(2)「～ということ」の that のあとは〈主語＋動詞〉の語順になる。

2 日本文の「～している」「～されている」「～された」がヒントになる。
　➡ shake[ʃeik シェイク] ～をふる　shake hands　握手する

3 分詞が単独で修飾する場合は名詞の前，他の語句とともに修飾する場合はあとに置く。

4 元の文で用いられている動詞の形をかえて，2文をつなぐ。
　➡ article[ɑ́ːrtikl アーティクル] 記事　wear[wéər ウェア] ～を着ている

5 ＿＿が日本文のどこに対応するかを考えよう。
　➡ castle[kǽsl キャスル] 城

1 次の文に（　）内の語句を入れるのに適した位置の記号を，○で囲みなさい。

(1) Do ア you イ think ウ he is エ wrong?　　　　　　　　　　　　　(that)

(2) ア Please イ show ウ me エ bus goes to Shinjuku.　　　　　　　(which)

(3) What's ア the イ name of that ウ mountain エ with snow?　　　　(covered)

2 下線部と同じ用法の that または分詞を含む文を選び，記号を○で囲みなさい。

(1) Do you know <u>that</u> the woman stands over there?

　　ア　I'm sure that she has to help her mother.

　　イ　Tell me where that bus goes.

　　ウ　I think that you should do your homework now.

　　エ　Which book is better for us, this or that?

(2) These are pictures of animals <u>found</u> on this island.

　　ア　Ken is kind and loved by everybody.

　　イ　The tower named the "Tokyo Tower" was the highest then.

　　ウ　She's been to London with her parents many times.

　　エ　After Mary read the novel, she was too excited to sleep.

3 差がつく
次の日本文の意味を表すように，＿＿＿に適当な1語を入れなさい。

(1) 私にはロンドンで働いている姉がいます。

　　I have a sister ＿＿＿＿＿＿ in London.

(2) 私は朝，昇る太陽を見るのが好きです。

　　I like to see the ＿＿＿＿＿＿ sun in the morning.

(3) 幸運なことに，彼女はなくしたカギを見つけました。

　　Luckily, she found the ＿＿＿＿＿＿ key.

(4) 私はその台風に襲われた町のことがとても心配です。

　　I'm very worried about the towns ＿＿＿＿＿＿ by the typhoon.

(5) トムは日本語がうまいかな。―残念ながらそんなにうまくはないよ。

　　Is Tom good at Japanese? — ＿＿＿＿＿＿ afraid that he's not so good.

(6) 彼らは天気がどうなるか私たちに示しました。

　　They showed us ＿＿＿＿＿＿ the weather would be.

82

4 重要

次の各組の2文がほぼ同じ内容を表すように，＿＿に適当な1語を入れなさい。

(1) The city has a lot of famous places. Can you tell us about it?

Can you tell ＿＿＿＿＿＿ ＿＿＿＿＿＿ the city has a lot of famous places?

(2) How long does it take to go to the station? I want to know it.

I want to know ＿＿＿＿＿ long it ＿＿＿＿＿ to go to the station.

(3) My father took this picture last week.

This is a picture ＿＿＿＿＿ ＿＿＿＿＿ my father last week.

(4) The boy is Yuko's brother. He is doing his homework.

The boy ＿＿＿＿＿ his homework ＿＿＿＿＿ Yuko's brother.

(5) That boy is my son. He is playing with his sister.

That boy ＿＿＿＿＿ with his sister ＿＿＿＿＿ my son.

5 ミス注意

次の日本文の意味を表すように，（　　）内の語句を並べかえなさい。

(1) 私たちはいくつかの飛行物体を見て驚きました。

(surprised / flying / to / see / were / some / flown / things / we). (1語不要)

＿＿＿＿＿＿＿＿＿＿＿＿＿＿＿＿＿＿＿＿＿＿＿＿＿＿＿＿＿＿＿

(2) その図書館には英語で書かれた本がたくさんありました。

(a lot of / books / English / in / there / were / written) in the library.

＿＿＿＿＿＿＿＿＿＿＿＿＿＿＿＿＿＿＿＿＿＿＿ in the library.

(3) あそこでお米を食べている小鳥たちが見えますか。

(you / rice / the little birds / can / eating / over / see) there?

＿＿＿＿＿＿＿＿＿＿＿＿＿＿＿＿＿＿＿＿＿＿＿＿ there?

(4) あなたはイヌを散歩させている男の人を知っていますか。

(his dog / you / the man / know / is / walking / do)? (1語不要)

＿＿＿＿＿＿＿＿＿＿＿＿＿＿＿＿＿＿＿＿＿＿＿＿＿＿＿＿＿＿＿

(5) 彼女は私たちが試合に勝つと信じています。

(that / we / the game / believes / will / she / win).

＿＿＿＿＿＿＿＿＿＿＿＿＿＿＿＿＿＿＿＿＿＿＿＿＿＿＿＿＿＿＿

12 関係代名詞⑴ — who, which, that

重要ポイント

① 関係代名詞の働き

□ **関係代名詞**…前の名詞の代わりをする代名詞の働きと，
2つの文を結ぶ接続詞の働きをする。

> 関係代名詞の意味は，ふつう日本語では表さない。

I have **an uncle**. + **He** lives in Canada.

I have **an uncle** who lives in Canada. （私にはカナダに住んでいるおじがいます）

□ **先行詞**…関係代名詞で始まる節は，前の名詞〔先行詞〕を修飾する。

The building that stands on the hill is a hotel.
先行詞

（丘の上に立っている建物はホテルです）

> =The building standing on the hill is a hotel.

② 関係代名詞の種類と主格の関係代名詞

□ **関係代名詞の種類**…先行詞と文中の働き〔格〕で決まる。

先行詞 ＼ 格	主格	目的格
人	who	（who）
動物・もの	which	which
人・動物・もの	that	that

□ **主格の関係代名詞 who**…先行詞が「人」で，次の文の「主語」の場合，who を使う。

関係代名詞のあとの動詞は，先行詞の人称・数に合わせる。

That is **a nurse**. + **She** works in this hospital.
　　　　　 →（人）　　　　→（主語）

That is **a nurse** who **works** in this hospital.

> =That is a nurse working in this hospital.

（あちらはこの病院で働いている看護師です）

□ **主格の関係代名詞 which**…先行詞が「動物」か「もの」で，次の文の「主語」の場合，which を使う。

He has **a car** which **was** made in Italy.
（もの）

（彼はイタリアでつくられた車を持っています）

> =He has a car made in Italy.

□ **主格の関係代名詞 that**…先行詞が「人」「動物」「もの」のどれでも使える。

I have **a dog** that has long ears. （私は長い耳をした犬を飼っています）
（動物）

●関係代名詞は，1語で代名詞と接続詞の2つの働きをする。
●関係代名詞以下のどの部分までが先行詞を修飾するかを読みとろう。
●先行詞によって関係代名詞の種類と関係代名詞のあとの動詞の形が決まる。

ポイント 一問一答

① 関係代名詞の働き

次の英文の（　　　）内の正しいものを◯で囲みなさい。

☐ (1) She is a pianist (who / which) is popular in France.

☐ (2) I know a boy who (go / goes) to that school.

☐ (3) He lives in a house (who / which) was built 50 years ago.

☐ (4) My brother is playing in the park (that / who) is near my school.

☐ (5) They often go to the theater which (is / are) in the next town.

☐ (6) I like a bookstore that (sell / sells) many kinds of books.

② 関係代名詞の種類と主格の関係代名詞

次の英文の（　　　）内の正しいものを◯で囲みなさい。

☐ (1) His son is a good boy (who / which) is very kind to anybody.

☐ (2) I have a friend (who / which) speaks English very well.

☐ (3) The dog (who / that) is sleeping near the bench is Mary's.

☐ (4) This town has a pond (which / who) is as big as a baseball stadium.

☐ (5) He gave me an old book (that had / which have) a beautiful cover.

☐ (6) In Italy we often see houses (which have / that has) a red roof.

☐ (7) Mai likes the doll. + It was bought by her grandfather.

　　　 → Mai likes the doll which (bought / was bought) by her grandfather.

☐ (8) The boy is eating lunch now. + His name is Ken.

　　　 → The boy who (eat / is eating) lunch now is Ken.

☐ (9) My father works at the company. + It produces cars and bikes.

　　　 → My father works at the company (which produces / that produce) cars
　　　　 and bikes.

答

① (1) who　(2) goes　(3) which　(4) that　(5) is　(6) sells
② (1) who　(2) who　(3) that　(4) which　(5) that had
　　(6) which have　(7) was bought　(8) is eating　(9) which produces

85

▶答え　別冊 p.33

1 〈who, which の使い分け〉
次の文の ＿＿＿ に who か which のどちらかを入れなさい。

(1) I have a student card ＿＿＿＿＿＿ has my picture on it.

(2) The number of people ＿＿＿＿＿＿ live in this village is decreasing.

(3) This town has few buildings ＿＿＿＿＿＿ are taller than the school building.

(4) Do you know that girl ＿＿＿＿＿＿ is playing with a doll over there?

(5) Can you see that bird ＿＿＿＿＿＿ has a long tail?

2 〈先行詞と動詞の一致〉
次の英文の（　　）内の正しいものを○で囲みなさい。

(1) He is a singer who (is / are) very popular among young people.

(2) Snakes that (has / have) colorful skin are often dangerous.

(3) The person who (saves / saved) my son was strong and brave.

(4) Do you remember the woman who (visits / visited) Ken last week?

(5) Mr. Suzuki is a doctor who (work / works) in the city hospital.

3 〈関係代名詞の用法①〉 重要
次の 2 文が関係代名詞を使った 1 文になるように，＿＿＿ に適当な 1 語を入れなさい。

(1) Do you know that boy? He is talking with Ken.

→ Do you know that boy ＿＿＿＿＿＿ is talking with Ken?

(2) I belong to a baseball team. The baseball team has more than 30 members.

→ I belong to a baseball team ＿＿＿＿＿＿ has more than 30 members.

(3) A man spoke to me. He had a map of Tokyo in his hands.

→ A man ＿＿＿＿＿＿ had a map of Tokyo in his hands spoke to me.

(4) Look at that man and his dog. They are walking along the river.

→ Look at that man and his dog ＿＿＿＿＿＿ are walking along the river.

4 〈関係代名詞の用法②〉 🔑重要

次の日本文の意味を表すように，____ に適当な 1 語を入れなさい。

(1) その会社は中国語を話せる人を必要としています。

The company needs a person _____ _____ able to speak Chinese.

(2) あなたはイギリス製のペンを売っている店を知っていますか。

Do you know a store _____ _____ pens made in the U.K.?

(3) 彼女はいくつかの賞を受賞したことがある有名な作家です。

She is a famous writer _____ _____ won several awards.

(4) 私にはアメリカへ行ったことがある友だちが何人かいます。

I have some friends _____ _____ been to the U.S.

(5) 公園がたくさんある町に引っ越したいです。

I want to move to a town _____ _____ a lot of parks.

5 〈関係代名詞を含む文の訳し方〉

次の文の意味を表す日本文を完成しなさい。

(1) This is the dog that stole your shoes.

これが（　　　　　　　　　　　　　　　　　　　　　　）です。

(2) This course is for students who are interested in English.

この講座は（　　　　　　　　　　　　　　　　　　　）のためのものです。

(3) My father is a photographer who travels around the world.

私の父は（　　　　　　　　　　　　　　　　　　　　　　）です。

(4) The bus that goes to the park has already left.

（　　　　　　　　　　　　　　　　　　　　　）はもう出発しました。

(5) Do you know the person who walked on the moon?

あなたは（　　　　　　　　　　　　　　　　　　　　　　）知っていますか。

💡ヒント

1 先行詞が「人」か「動物」か「もの」かによって関係代名詞を使い分ける。
　➡ decrease[dikríːs ディクリース] 減少する　tail[teil ティル] 尾
2 先行詞となる名詞が単数か複数かを確認する。時制にも注意が必要。
　➡ skin[skin スキン] 皮ふ，皮　brave[breiv ブレイヴ] 勇敢な
3 先行詞に気をつけて適切な関係代名詞を入れる。
　➡ belong[bilɔ́(ː)ŋ ビロ(ー)ング] 所属する
4 (3)(4) どちらも〈経験〉を表す現在完了を用いる。
　➡ award[əwɔ́ːrd アウォード] 賞　move[muːv ムーヴ] 引っ越す
5 関係代名詞節は先行詞となる名詞を修飾する働き，つまり形容詞と同じ働きをする。日本語にするときは，名詞を修飾する形容詞のように訳す。
　➡ course[kɔːrs コース] 課程，講座　photographer[fətágrəfər フォタグラファ] カメラマン

▶答え 別冊p.34

1 ⚠ミス注意
次の文の（　）に入れるのに最も適当な語句を，下のア〜エから選び，記号で答えなさい。

(1) I have a dog (　　) run very fast.

 ア　which can イ　who can ウ　that is エ　which is

(2) Who is that lady (　　) walking with Mr. White?

 ア　who are イ　who is ウ　which are エ　which is

(3) This is a movie (　　) us happy.

 ア　who made イ　which makes ウ　who makes エ　that make

(4) "Ann's House" is a restaurant (　　) famous for its delicious pizzas.

 ア　who is イ　who are ウ　which is エ　which are

(5) Mr. Brown studies marine animals (　　) near the islands.

 ア　that lives イ　which lives ウ　who live エ　that live

(6) Do you know the name of the river (　　) the longest in Japan?

 ア　that is イ　which are ウ　who is エ　that are

2 次の(1)〜(5)の2文を関係代名詞を使って1文にしなさい。(6)は関係代名詞を用いてほぼ同じ内容の文に書きかえなさい。

(1) Do you know the boys? They play baseball in the park every day.

 Do you _____ every day?

(2) These are pictures of my friends. They live in New York.

 These _____ New York.

(3) The tall man is my teacher. He has just come in.

 The tall man _____ teacher.

(4) Computers are made in that country. They are cheap.

 Computers _____ cheap.

(5) There are more and more young people. They study abroad.

 There are _____ abroad.

(6) I like magazines with many articles about science.

 I like _____ science.

3 🔑重要

次の各組の2文がほぼ同じ内容を表すように，＿＿に適当な1語を入れなさい。

(1) I have a sister living in Sapporo.

I have a sister ＿＿＿＿＿ ＿＿＿＿＿ in Sapporo.

(2) My car is parked over there.

The car ＿＿＿＿＿ is parked over there is ＿＿＿＿＿.

(3) Judy has many dolls made in Japan.

Judy has many dolls ＿＿＿＿＿ ＿＿＿＿＿ made in Japan.

(4) The tall woman speaking with me yesterday was my teacher.

The tall woman ＿＿＿＿＿ ＿＿＿＿＿ with me yesterday was my teacher.

4

次の日本文の意味を表すように，（　）内の語を並べかえなさい。

(1) これが彼女を悲しくさせた本です。

(is / made / the / that / this / her / book / sad).

＿＿＿＿＿＿＿＿＿＿＿＿＿＿＿＿＿＿＿＿＿＿

(2) 京都には何百年も前に建てられたお寺が多数あります。

In Kyoto (hundreds / built / there / lot / temples / are / were / a / of / which / ago / years / of).

In Kyoto ＿＿＿＿＿＿＿＿＿＿＿＿＿＿＿＿＿＿＿＿

＿＿＿＿＿＿＿＿＿＿＿＿＿＿＿＿.

5 🏠がつく

次のような状況であなた (**YOU**) なら何というでしょうか。（　）内の語句を並べかえて英文を完成させなさい。

(1) Yoichiro wants to see Ms. Johnson, but there are too many people to find her. Please help him to find her.

YOU : She (the woman / is / a white shirt / wearing / who / is).

She ＿＿＿＿＿＿＿＿＿＿＿＿＿＿＿＿＿＿＿＿＿.

(2) You lost your lunch box. It is covered with a red handkerchief. Ask your classmates about it.

YOU : Did anyone see (which / a lunch box / with / is / a red handkerchief / covered)?

Did anyone see ＿＿＿＿＿＿＿＿＿＿＿＿＿＿＿＿＿＿

＿＿＿＿＿＿＿＿＿＿＿＿＿＿＿ ?

13 関係代名詞(2)── which, that

重要ポイント

① 目的格の関係代名詞 which, that

☐ **which, that** …先行詞が次の節で目的語になる場合，関係代名詞は目的格を使う。

先行詞が「動物」や「物」の場合は which を使う。that は先行詞が何であっても使うことができる。

Do you have **the book**? + I read **it** yesterday.

Do you have **the book which** I read yesterday?

〈先行詞＋which＋主語＋動詞〜〉

(あなたは私が昨日読んだ本を持っていますか)

＊先行詞が「人」で目的格の関係代名詞には whom という語があるが，今ではあまり使われない。代わりに主格で使われる who が目的格としても使われることがある。

☐ **目的格の関係代名詞の省略**…目的格の関係代名詞は省略されることが多い。

The man (**that**) you see over there is my uncle.

(向こうに見える男の人は私のおじです)

The language (**which**[**that**]) we are learning is English.

(私たちが習っている言語は英語です)

② 関係代名詞 that の特別用法

☐ **that がよく使われる場合**…先行詞に形容詞の最上級，the first, the only, all, every などがつく場合，主格・目的格とも関係代名詞は that がよく使われる。

This is **the most interesting** book (**that**) I have ever read.

(これは私が今までに読んだうちで最もおもしろい本です)

He was **the first** man **that** reached the moon.

＝He was the first man **to** reach the moon.

(彼は月に到達した最初の人でした)

This is **the only** bus **that** goes to the museum.

(これがその博物館へ行く唯一(ゆいいつ)のバスです)

●先行詞の働きを考えて，主格，目的格を使い分けよう。
●文中に〈名詞＋主語＋動詞〉の形があれば，関係代名詞が省略されていると考えよう。
●先行詞につく修飾語句に注意して，that の使い方に慣れよう。

ポイント 一問一答

① 目的格の関係代名詞 which, that

次の英文の（　）内の正しいものを○で囲みなさい。

☐ (1) The book (who / that) I need is *The Catcher in the Rye*.

☐ (2) The key (who / that) I lost last month has not been found yet.

☐ (3) The fish (which / who) I ate yesterday was not good.

☐ (4) The (dog / girl) which I saw in the park was Shiro.

☐ (5) What are the names of the boys (which / that) I watch on TV?

☐ (6) I had delicious pancakes (who / which) my mother cooked for me.

☐ (7) The woman (that / which) I saw is my teacher.

☐ (8) I want to see the girl (which / that) I talked with in the park last week.

② 関係代名詞 that の特別用法

次の英文の（　）内の正しいものを○で囲みなさい。

☐ (1) She was the first woman (that / which) reached the summit of the mountain.

☐ (2) This is all (that / of) I can do for you now.

☐ (3) He is the tallest person (which / that) I have ever seen.

☐ (4) This is the only road (which / that) takes us to the museum.

☐ (5) Every child (that / which) will climb the mountain must go to the park by nine o'clock.

☐ (6) That is the only train (that / which) goes to the station.

☐ (7) He is my best friend (in / that) I have ever met.

答 ① (1) that (2) that (3) which (4) dog (5) that (6) which (7) that (8) that
② (1) that (2) that (3) that (4) that (5) that (6) that (7) that

1 〈目的格の関係代名詞①〉
次の文の____に関係代名詞を入れ，文を完成させなさい。

(1) This is a letter _____ he wrote.

(2) Is that the man _____ you met yesterday?

(3) The dog _____ Ken has is very big.

(4) The old lady _____ I helped yesterday is Jim's grandmother.

2 〈目的格の関係代名詞②〉
次の日本文の意味を表すように，____に that か which のどちらかを入れなさい。

(1) これは私が昨日読んだ本です。

This is the book _____ I read yesterday.

(2) 彼女は私が去年出会った友だちです。

She is my friend _____ I met last year.

(3) 彼は私が初めて会ったアメリカ人です。

He is an American _____ I met for the first time.

(4) これは母が私に買ってくれたかさです。

This is an umbrella _____ my mother bought for me.

3 〈that の特別用法〉
次の日本文の意味を表すように，____に適当な1語を入れなさい。

(1) 私は持っている本をすべてきみに貸してあげよう。

I'll lend you _____ the books _____ I have.

(2) 彼は私が今まで会った中で最年長のランナーです。

He is the _____ runner _____ I have ever seen.

(3) トムは1キロメートル以上泳ぐことができるただ1人の少年です。

Tom is the _____ boy _____ can swim over 1 kilometer.

(4) 私のためにあなたがしてくれたすべてのことにお礼を申し上げます。

I'd like to thank you for everything _____ you have done for me.

4 〈目的格の関係代名詞の省略〉 🔊重要

次の英文の下線部の関係代名詞で，省略できるものには○を，できないものには×を
（　　）内に入れなさい。

(1) Is this a book <u>which</u> you bought in London?　　　　　　（　　）

(2) I know a girl <u>who</u> wants to be a doctor.　　　　　　　　（　　）

(3) The boys and girls <u>that</u> she met at the party are my friends.　（　　）

(4) I don't need a car <u>which</u> is more than $10,000.　　　　　（　　）

(5) I'll show you one of the books <u>that</u> my uncle gave me.　　（　　）

5 〈関係代名詞の選択〉

次の英文の（　　）内の正しいものを○で囲みなさい。

(1) My father has a car (who / what / which) has two doors.

(2) This is the first picture (who / what / that) my brother drew.

(3) I will talk about a man (that / what / which) wanted to become president.

(4) The postcards (who / what / which) she sent me during her travel in Europe
　 are all beautiful.

(5) This is the girl (that / what / which) likes singing.

6 〈関係代名詞の使い分け〉 🔊重要

次の各組の2文を関係代名詞を使って1文にしなさい。

(1) This is a picture. I took the picture in New York.

　 This is a picture ＿＿＿＿＿＿＿ I took in New York.

(2) I'll write a letter to a friend. The friend lives in England.

　 I'll write a letter to a friend ＿＿＿＿＿＿ lives in England.

(3) We need more people. They will help us clean our town.

　 We need more people ＿＿＿＿＿＿ will help us clean our town.

(4) There are many good places in this town. You will like the places.

　 There are many good places ＿＿＿＿＿＿ you will like in this town.

ヒント

　2 先行詞が「人」か「もの」かで判断する。

　3 ➡ kilometer[kilάmətər キラメタァ] キロメートル　thank[θǽŋk サンク] ～に感謝する

　4 省略可能な関係代名詞は目的格。

　5 ➡ postcard[póus(t)kɑːrd ポウス(トゥ)カード] はがき　during[d(j)ú(ə)riŋ デュ(ア)リング] ～の間

1 次の各組の2文がほぼ同じ内容を表すように，＿＿＿に適当な1語を入れなさい。

(1) This is the cake. I made it yesterday.

This is the cake ＿＿＿＿＿＿ I made yesterday.

(2) I have never seen such an interesting movie.

This is the most interesting movie ＿＿＿＿＿＿ I have ever seen.

(3) A lady spoke to me. I didn't know her.

A lady ＿＿＿＿＿＿ I didn't know spoke to me.

(4) You bought me flowers for my birthday last year. They were really beautiful.

The flowers ＿＿＿＿＿＿ you bought me for my birthday last year were really beautiful.

2 次の英文の意味を表す日本文を完成しなさい。

(1) Do you remember the boy that we met ten years ago?

あなたは（　　　　　　　　　　　　　　　　）。

(2) The animal I like the best is the koala.

私が（　　　　　　　　　　　　　　　　）。

(3) The dictionary my father bought for me is very useful.

父が（　　　　　　　　　　　　　　　　）。

(4) This is the most famous book that she wrote.

これは（　　　　　　　　　　　　　　　　）。

(5) That is all that I wanted to ask you.

それが（　　　　　　　　　　　　　　　　）。

3 ⚠ ミス注意

次の英文の下線部のうち誤りを含むものを選び，番号で答えなさい。

(1) Just keep walking down, and you ① will soon ② find the temple ③ who you have ④ visited. 　　　　　　　（　　　）

(2) I've ① found the restaurant ② who ③ you ④ talked about the other day.

（　　　）

(3) The houses and gardens ① he ② has ③ designed ④ is beautiful.　　　（　　）

(4) George ① is the ② only student ③ that ④ are planning to study in Japan.

　　　　　　　　　　　　　　　　　　　　　　　　　　　　　　　　（　　）

4 ●重要
次の日本文の意味を表すように，（　　）内の語句を並べかえなさい。

(1) 私が読んだ本はこれよりもおもしろかったです。

　(the / I / more / read / book / this / one / was / interesting / than).

　_____

(2) 祖母が私にくれた時計はどこにありますか。

　(me / my grandmother / the watch / is / where / gave / which)?

　_____

(3) これがその図書館へ行く唯一のバスです。

　(goes / the / this / only / that / library / is / bus / the / to).

　_____

(4) あなたがおととい会った女性は私のおばです。

　The (before / is / met / the day / woman / yesterday / you) my aunt.

　The _____ my aunt.

(5) 昔読んだ本のタイトルが思い出せません。

　I can't remember (of / the book / read / the title / I) a long time ago.

　I can't remember _____ a long time ago.

5 ✍がつく
次の各組の2文がほぼ同じ内容を表すように，____に適当な1語を入れなさい。

(1) English is a language _____ is spoken by a lot of people.

　English is a language a lot of people _____ .

(2) This is the biggest dog that I have ever seen.

　I _____ _____ _____ such a big dog.

(3) The first thing to do now is to do the right thing.

　The first thing _____ _____ to do now is to do the right thing.

(4) No other apples are more delicious than the ones grown by the farmer.

　The apples _____ _____ grows _____ the most delicious.

実力アップ問題

1 次の文の（　　）内に入れるのに最も適当な語を，下のア～エから選び，記号で答えなさい。

〈1点×5〉

(1) Mr. Hayashi is the man (　　　) as a great musician.

　　ア　known　　　　　イ　know　　　　　ウ　knowing　　　　エ　knew

(2) Do you know (　　　) many times he has been to New York?

　　ア　what　　　　　イ　how　　　　　ウ　where　　　　エ　when

(3) This letter is from one of my friends (　　　) lives in Tokyo.

　　ア　when　　　　　イ　that　　　　　ウ　which　　　　エ　whose

(4) There are many countries (　　　) I've never been to before.

　　ア　which　　　　　イ　who　　　　　ウ　if　　　　エ　when

(5) The police think he is the only person (　　　) knows the truth.

　　ア　that　　　　　イ　which　　　　　ウ　though　　　　エ　after

(1)		(2)		(3)		(4)		(5)	

2 次の文の＿＿に，下から適当な語を選んで入れなさい。ただし，同じものを選ぶことはできません。

〈1点×5〉

(1) What is the name of the animal ＿＿＿＿＿＿ has a very long nose?

(2) ＿＿＿＿＿＿ time do you think we will arrive there?

(3) I think I have seen a man ＿＿＿＿＿＿ has moved into this village recently.

(4) She is the first woman ＿＿＿＿＿＿ climbed the mountain.

(5) Do you know ＿＿＿＿＿＿ the party will start?

　　—Yes. at two.

```
that / what / who / which / when
```

(1)		(2)		(3)	
(4)		(5)			

3 次の日本文の意味を表すように，＿＿＿に適当な1語を入れなさい。 〈2点×5〉

(1) 私の母のうしろに立っている男性はだれだと思いますか。

＿＿＿＿＿＿＿＿＿ do you think the man standing behind my mother is?

(2) あんなにすてきな時計を彼がどこで買ったのか知りたいです。

I want to know where he ＿＿＿＿＿＿＿ such a nice watch.

(3) 私は木の下に座っているあの少女と犬をよく見かけます。

I often see that girl and dog ＿＿＿＿＿＿＿ are sitting under the tree.

(4) あなたが今まで見た最も高価な絵は何ですか。

What is the most expensive picture ＿＿＿＿＿＿＿ you have ever seen?

(5) 私の兄が働いているレストランはとても人気があります。

The restaurant ＿＿＿＿＿＿＿ my brother works for is very popular.

(1)		(2)		(3)	
(4)		(5)			

4 次の文の（　）内に入れるのに最も適当な語句を，下のア～オから選び，記号で答えなさい。

〈2点×5〉

(1) Could (　　) the nearest post office is?

(2) Where (　　) we can get a taxi?

(3) The house (　　) was very large and old.

(4) He is an English teacher (　　) to everybody.

(5) I was born in a city (　　) of 1.2 million.

　ア　who is known

　イ　do you think

　ウ　that once had a population

　エ　that I lived in when I was young

　オ　you tell me where

(1)		(2)		(3)		(4)		(5)	

5 次の各組の２文がほぼ同じ内容を表すように，＿＿＿に適当な１語を入れなさい。　　〈5点×4〉

(1) I don't know the girl with long hair.

　　I don't know the girl ＿＿＿＿＿＿ ＿＿＿＿＿＿ long hair.

(2) I have an uncle who lives in China.

　　I have an ＿＿＿＿＿＿ ＿＿＿＿＿＿ in China.

(3) She has gone to Paris. Do you know the reason?

　　Do you know ＿＿＿＿＿＿ she ＿＿＿＿＿＿ gone to Paris?

(4) I bought the bag yesterday. I like it.

　　I like the bag ＿＿＿＿＿＿ ＿＿＿＿＿＿ yesterday.

(1)		(2)	
(3)		(4)	

6 次の日本文の意味を表すように，（　　）内の語句を並べかえなさい。　　〈6点×4〉

(1) あなたは彼がどこの出身か知っていますか。

　　Do (where / from / you / he / know / is)?

(2) あなたが昨日貸してくれた本はとてもおもしろかったです。

　　(you / me / really / yesterday / interesting / the book / was / lent).

(3) 私が会いたかったその女性は不在でした。

　　(the lady / wanted / was / to / not / meet / I) at home.

(4) ネコを追いかけている男の子たちは，私の弟です。

　　(a cat / my brothers / who / the boys / running after / are / are).

(1)	
(2)	
(3)	
(4)	

7 次の英文は子どものおこづかい (allowance) に関するものである。英文を読んで，あとの問いに答えなさい。　　〈(1)・(4) 4点×2，(2)・(3)・(5) 6点×3〉

　　It can be said that an allowance is a child's share of the family *income. It is a good experience (　①　) the parents can give their children if an allowance is thought of as a learning tool. It can teach them how to spend money. It can also teach them how to get the best value for what they buy.

Many children make mistakes and buy unwisely at first. Some rush out to spend all their money as soon as they get it. They forget that if it is spent, there will be no more for several days. From such an experience, children can learn how to choose wisely and spend carefully.

Parents need to know ②(should / they / when / give / begin / to) an allowance. When their child enters school, he may want an allowance. ③He may have friends who receive one. A good time for parents to think about giving an allowance may be when their child makes daily requests for ice cream or candy. This will help the child to see the value of money.

At first children may receive only half an allowance but get it twice a week. This will be helpful to some (④) find a full week too long. The child will soon understand that he can have two candy bars this week, or he can save the allowance for two weeks and buy a toy. The child learns that ⑤＿＿＿＿＿＿.

Wise parents will not control their children's buying. If children make their own mistakes with their own money, they can learn from their mistakes. An allowance should not be taken away because their child does something bad. Also, an allowance should not be thought of as *reward for helping with housework.

*income 収入　　reward ごほうび

(1) (①) に入れるのに最も適切な語を下の**ア～エ**から選び，記号で答えなさい。

　　ア who　　　　**イ** that　　　　**ウ** what　　　　**エ** how

(2) 下線部②の（　　）内の語を並べかえて，意味の通る文にしなさい。

(3) 下線部③の one が指すものが何か明らかにして日本語にしなさい。

(4) (④) に入れるのに最も適切な語を下の**ア～エ**から選び，記号で答えなさい。

　　ア which　　　　**イ** what　　　　**ウ** who　　　　**エ** whose

(5) 下線部⑤＿＿＿に入れるのに最も適切なものを選び，記号で答えなさい。

　　ア he can have both the candy and the toy

　　イ he can have the candy, but not the toy

　　ウ he can have the toy, but not the candy

　　エ he can't have both the candy and the toy

(1)		(2)	
(3)			(4)
(5)			

14 仮定法

重要ポイント

① 仮定法の意味と形

□ **仮定法とは**…現在の事実と異なることを仮定するときの表現。

□ **仮定法の意味**…「もし（今）～なら，…なのに」

□ **仮定法の形**…〈If＋主語＋動詞の過去形，主語＋助動詞の過去形＋動詞の原形～.〉

現在の事実 I don't have any money, so I don't buy the book.

（私は今お金を持っていません，だからその本を買いません）

仮定法 If I had some money, I would buy the book.

（もしお金を持っていれば，その本を買うのに）

＊事実が否定なら仮定法の動詞は肯定の過去形で表す。

If I were with you, I would be happier.

（もしあなたと一緒なら，私はもっと幸せなのに）

ふつう過去の文で was を使うが，仮定法では were が用いられるので注意する。

□ **〈If＋主語＋動詞の現在形～〉の文**

現在の事実と異なる仮定ではなく単なる条件を言うときは，if のあとに続く文中の動詞は現在形で表される。この文は仮定法ではない。

If it rains, I won't go shopping.

（もし雨が降ったら，私は買い物に行きません）

If she comes here, please tell her to wait.

（もし彼女がここに来たら，待つように言ってください）

② I wish

□ **I wish ～.**…「～ならいいのに（と思う）」

現在の事実と異なることを望むときに，I wish のあとに〈主語＋動詞［助動詞］の過去形〉を続ける。

I wish I were a bird. （私が鳥ならいいのに）

I wish he were taller. （彼がもっと背が高ければいいのに）

I wish it were sunny now. （今晴れていればいいのに）

I wish I could play the piano well. （ピアノがじょうずに弾ければいいのに）

100

●現在の事実と異なることを「もし～なら…なのに」と仮定するときは動詞を過去形にする。
●仮定法の文では，be 動詞に were を使う。
●事実と異なることを願望するときは〈I wish＋主語＋動詞［助動詞］の過去形～.〉で表す。

① 仮定法の意味と形

次の英文の（　　）内の正しいものを○で囲みなさい。

☐ (1) If I (am / was / were) a penguin, I could live in the Antarctic.

☐ (2) If I had a driver's license, I (will / can / could) drive you to the station.

☐ (3) If you practiced harder, you (will be / would be / are) a regular player of this team.

☐ (4) If your father were here, what (does / will / would) he say to you?

☐ (5) I am a student, so I (have / had / must) to study hard.

☐ (6) If he (is / was / were) younger, he could climb Mt. Fuji.

☐ (7) If I knew him, I (would / will / can) introduce him to you.

☐ (8) (When / If / As) I were you, I would go there at once.

② I wish

次の英文の（　　）内の正しいものを○で囲みなさい。

☐ (1) 今日雨でなければいいのに。

I wish it (would / were / does) not rainy today.

☐ (2) 飛べればいいのに。

I wish I (can / were / could) fly.

☐ (3) あの女の子が私の友だちならいいのに。

I wish the girl (is / were / would) my friend.

☐ (4) もっと速く走ることができればいいのに。

I wish I (was / could / can) run faster.

 ① (1) were　(2) could　(3) would be　(4) would　(5) have　(6) were　(7) would　(8) If
② (1) were　(2) could　(3) were　(4) could

基 礎 問 題

▶答え　別冊 p.41

1 〈仮定法の形〉⚠️ ミス注意

次の文の（　　）内に入れるのに最も適当な語句を，下のア〜エから選び，記号で答えなさい。

(1) If I (　　) wings, I could fly in the sky.

　　ア　have　　　　　イ　has　　　　　ウ　had　　　　　エ　having

(2) If he (　　) alive, I could talk with him.

　　ア　are　　　　　イ　were　　　　　ウ　is　　　　　エ　has been

(3) I wish I (　　) play tennis as well as you.

　　ア　will　　　　　イ　won't　　　　ウ　were　　　　エ　could

(4) I wish you (　　) my brother.

　　ア　were　　　　　イ　was　　　　　ウ　are　　　　　エ　will be

2 〈仮定法の意味①〉

次の英文を日本語になおしなさい。

(1) If I were rich, I could buy a big house.

　　もし私が（　　　　　　　　　　　　　　　　　　　　　　　　）。

(2) If he were a member of our team, we would win the game.

　　（　　　　　　　　　　　　　　　　　　　　　　）私たちは試合に勝つだろうに。

(3) If I knew where he lives, I would visit him at once.

　　（　　　　　　　　　　　　　　　　　　　　　　　　　　　　　　）

(4) I wish I could go to the moon.

　　月に（　　　　　　　　　　　　　　　　　　　　　　　　　　　）。

3 〈文の結合〉

次の(1)〜(5)に続くものを次のページのア〜オから選び，記号で答えなさい。

(1) I wish　　　　　　　　　　　　　　　　　　　　　　（　　　）

(2) If I were your father,　　　　　　　　　　　　　　（　　　）

(3) If he comes here tomorrow,　　　　　　　　　　　（　　　）

(4) If I had a garden,　　　　　　　　　　　　　　　　（　　　）

(5) If it were fine today,　　　　　　　　　　　　　　（　　　）

ア I could meet you in New York.　イ I would grow flowers.

ウ we will be glad.　エ we could go fishing in the river.

オ I would tell you that you should not do it.

4 〈仮定法の意味②〉

次の日本文の意味を表すように，＿＿に適当な1語を入れなさい。

(1) もしあなたが私の立場なら，どうしますか。

If you were in my place, what ＿＿＿＿＿＿ you do?

(2) もし私がドイツ人なら，もっと上手にドイツ語を話せるのに。

If I were a German, I ＿＿＿＿＿＿ speak German better.

(3) もしドラえもんが友だちなら，彼にタケコプターをくれるよう頼むのに。

If *Doraemon* ＿＿＿＿＿＿ my friend, I would ask him to give me a *Takekoputa*.

(4) 10歳若ければいいのに。

I ＿＿＿＿＿＿ I were ten years younger.

5 〈仮定法の用法〉 🔊重要

次の各組の2文がほぼ同じ内容を表すように，＿＿に適当な1語を入れなさい。

(1) I am old, so I can't climb such high mountains.

If I ＿＿＿＿＿＿ not old, I ＿＿＿＿＿＿ climb such high mountains.

(2) I don't have any holidays this week. I want to have some.

I wish ＿＿＿＿＿＿ ＿＿＿＿＿＿ some holidays this week.

(3) He does not come to the party because he is sick.

＿＿＿＿＿＿ he were not sick, he ＿＿＿＿＿＿ come to the party.

💡ヒント

[1] 仮定法は動詞の形に注意する。現在の事実に反することを述べるときは過去形にする。

[2] 仮定法は現在の事実に反することを述べるので「～だったら…なのに」と訳す。

(4) I wish ～. は願望を表す。

[3] 仮定しているのか，単なる条件かを考える。

[4] 動詞や助動詞の形に注意する。

▶ German[dʒə́ːrmən ヂャ～マン] ドイツ人，ドイツ語

[5] 事実⇔仮定の書きかえでは肯定は否定に，否定は肯定にする。

1 次の日本文の意味を表すように, ＿＿＿ に適当な１語を入れなさい。

(1) もし今が夏なら, 海で泳げるのに。

　　If it ＿＿＿＿＿＿ summer now, we ＿＿＿＿＿＿ swim in the sea.

(2) もしスーパーマンが実在するなら, 危険な状況の人々を救い出してくれるのに。

　　＿＿＿＿＿＿ Superman existed, he ＿＿＿＿＿＿ rescue people in danger.

(3) 私が世界一美人ならいいのに。

　　I ＿＿＿＿＿＿ I ＿＿＿＿＿＿ the most beautiful in the world.

(4) 家の近くに図書館があればいいのに。

　　I ＿＿＿＿＿＿ there ＿＿＿＿＿＿ a library near my house.

2 次の英文を仮定法で表すのに最も適当な文を下のア〜エから選び, 記号で答えなさい。

(1) Today it is rainy, so the soccer game isn't held.　　　　　　　　　　　(　　)

　　ア　If it weren't rainy today, the soccer game would be held.

　　イ　If it is not fine today, the soccer game will be held.

　　ウ　If the soccer game were held, it would not be rainy today.

　　エ　If it is rainy today, the soccer game will be held.

(2) He can't meet you right now because he is sick in bed.　　　　　　　(　　)

　　ア　If you are sick in bed, you could meet him right now.

　　イ　If he is sick in bed, he would meet you right now.

　　ウ　If he were not sick in bed, he could meet you right now.

　　エ　If he were sick in bed, he can meet you right now.

3 🔑重要
次の各組の２文がほぼ同じ内容を表すように, ＿＿＿ に適当な１語を入れなさい。

(1) I'm not good at math, so I can't answer this difficult question.

　　If I ＿＿＿＿＿＿ good at math, I ＿＿＿＿＿＿ answer this difficult question.

(2) If he knew your phone number, he would call you.

　　＿＿＿＿＿＿ he ＿＿＿＿＿＿ know your phone number, he doesn't call you.

(3) I don't have any friends here. So I feel lonely.

　　If I ＿＿＿＿＿＿ some friends here, I ＿＿＿＿＿＿ feel lonely.

4 ⚠️ ミス注意
次の日本文の意味を表すように，(　　)内の語句を並べかえなさい。

(1) あなたが私たちのチームメートならいいのに。
(our / wish / you / teammate / I / were).

_____

(2) もし手品の仕方を知っていれば，私はこの壊れたカップを直せるのに。
If (this / use magic / could / I / knew / I / repair / how to / ,) broken cup.

_____ broken cup.

(3) もし私があなたなら，そんなばかなことはしない。
(I / I / wouldn't / were / do / such / you / a / foolish / ,) thing.
If _____ thing.

(4) 今日，やることがたくさんなければいいのに。
I wish (to / today / do / have / many / didn't / things / I).
I wish _____ .

5 ✏️ 書がつく
次の日本文を，(　　)内の指示にしたがって英語になおしなさい。

(1) 鳥のように飛べればいいのに。(仮定法を使って8語で)

_____

(2) もし私が先生なら，そんなにたくさん宿題は出さないのに。(so much を使って)

_____

(3) もしあなたがロボットを持っていれば，それはあなたを助けることができるだろう。
(robot, helpful を使って)

_____

15 接続詞

重要ポイント

① and, but, or

☐ **and**（…と〜，そして），**but**（しかし），**or**（あるいは）

> Ken **and** I are good friends.（ケンと私はよい友だちです）
>
> You are tall, **but** I am short.（あなたは背が高いが，私は背が低いです）

> 接続詞は語（句）と語（句），文と文を結ぶ。

☐ 命令文，＋and（そうすれば）／ or（そうしないと）

> **Start** at once, **and** you can catch the bus.
>
> （すぐに出発しなさい，そうすればバスに間に合います）
>
> **Hurry up, or** you will be late.（急ぎなさい，そうしないと遅れますよ）

☐ both A and B（A も B も両方とも），not only A but (also) B（A だけでなく B も）

> She can speak **not only** English **but also** French.（彼女は英語だけでなくフランス語も話せます）

> その他の連語：
> either A or B
> （A か B かどちらか）
> neither A nor B
> （A でも B でもない）

② 時，条件，理由などを表す接続詞

☐ **when**（〜するとき），**after**（〜したあとに），**before**（〜する前に），**till**[**until**]（〜するときまで）…いずれも時を表す。

> Please call me **when** you get home.
>
> （家に着いたとき，電話をください）

> 時や条件を表す副詞節では，未来のことでも現在形で表す。

☐ **if**（もし〜ならば）〔条件〕，**because**（〜だから）〔原因・理由〕，**though**（〜だけれども）〔譲歩〕

> **If** you are free tomorrow, please help me.（もし明日ひまなら，手伝ってください）

③ 接続詞 that

☐ **that**（〜ということ）…文と文を結びつける。

> I know **that** he is busy.（私は彼が忙しいことを知っています）
> └→名詞の働きをして（名詞節）know の目的語になる。
>
> I thought **that** Emi was happy.（私はエミが幸せだと思いました）
> └→過去形 thought に合わせて that のあとの動詞も過去形（「時制の一致」）。

☐ **so ... that 〜**（とても…なので〜だ）

> I was **so** sleepy **that** I couldn't do my homework.
>
> （私はとても眠かったので宿題ができませんでした）

ポイント 一問一答

① and, but, or

次の英文の（　　）内の正しいものを○で囲みなさい。

☐ (1) He has one brother (but / and) two sisters.

☐ (2) Which do you like better, cats (but / or) dogs?

☐ (3) Hurry up, (or / and) you will catch the bus.

☐ (4) Clean your room, (or / and) Mom will get angry.

☐ (5) Either you (and / or) I need to help her.

☐ (6) Neither Ken (but / nor) John is right.

② 時，条件，理由などを表す接続詞

次の英文の（　　）内の正しいものを○で囲みなさい。

☐ (1) I will tell you (until / when) she calls you.

☐ (2) He went to sleep (when / after) he took a shower.

☐ (3) Please visit me tomorrow (before / if) it's sunny.

☐ (4) (If / Though) he is small, he is strong.

③ 接続詞 that

次の英文の（　　）内の正しいものを○で囲みなさい。

☐ (1) She knows (that / and) she has to study harder.

☐ (2) I thought (that / but) he was with Meg.

☐ (3) I am so tired (after / that) I can't walk any more.

答 ① (1) and　(2) or　(3) and　(4) or　(5) or　(6) nor

② (1) when　(2) after　(3) if　(4) Though

③ (1) that　(2) that　(3) that

基礎問題

▶答え　別冊p.42

1 〈接続詞の用法〉🔊重要

次の英文の（　　）内の正しいものを〇で囲みなさい。

(1) I wrote a letter to Mary, (and / but / or) sent it by air.

(2) She left home early, (and / but / so) she was late for school.

(3) My mother was cooking (if / when / because) I came home.

(4) You'll feel better (if / and / but / or) you have enough sleep.

(5) I know (either / both / each / all) Jim and Terry.

(6) Run as fast as possible, (and / or / but / either) you will catch the train.

(7) He ate (too / such / so / enough) much that he couldn't move.

2 〈接続詞の意味〉

次の英文を日本語になおしなさい。

(1) Meg was not home when I called her.

　　私が（　　　　　　　　　　　　　　　　　　　），メグは家にいませんでした。

(2) Tom can't come to the party because he is sick.

　　トムは（　　　　　　　　　　　　　　　　　　　）パーティーに来られません。

(3) Though I want to go to London, I don't have enough money.

　　私はロンドンに（　　　　　　　　　　　　　　），十分なお金がありません。

(4) You'll be there in ten minutes if you take a taxi.

　　（　　　　　　　　　　　　　　　　　），あなたはそこへ10分で行けるでしょう。

(5) Get up at once, or you'll be late for school.

　　すぐに起きなさい，（　　　　　　　　　　　　　）あなたは学校に遅れますよ。

3 〈接続詞の意味と用法〉🔊重要

次の日本文の意味を表すように，＿＿に適当な1語を入れなさい。

(1) 私は妹にぼうしをあげたのですが，彼女はそれを気に入りませんでした。

　　I gave my sister a hat, ＿＿＿＿＿＿＿＿ she didn't like it.

(2) 私はトムはオーストラリアの出身だと思います。

　　I think ＿＿＿＿＿＿＿＿ Tom is from Australia.

(3) 雪がとても激しかったので，私たちは買い物に行けませんでした。

　　The snow was so heavy ＿＿＿＿＿＿＿＿ we couldn't go shopping.

(4) 雨が降りはじめないうちに家に帰ろう。

Let's go home ＿＿＿＿＿＿ it starts raining.

(5) 料理は好きですが，皿を洗うのは好きではありません。

＿＿＿＿＿＿ I like cooking, I don't like washing the dishes.

(6) メグかトムのどちらかに私といっしょに来てほしいと思います。

I want ＿＿＿＿＿ Meg or Tom to come with me.

(7) 私はカギだけではなく，さいふもなくしてしまいました。

I have lost ＿＿＿＿＿ only my keys but also my wallet.

4 〈接続詞の文〉
次の(1)〜(5)に続くものを下のア〜オから選び，記号で答えなさい。

(1) After I do my homework, （　　）

(2) I'll lend you my dictionary （　　）

(3) Turn right at the first corner, （　　）

(4) John said （　　）

(5) I turned all the lights off （　　）

ア　and you'll find the restaurant. 　イ　before I left home.

ウ　I enjoy watching TV. 　エ　when you need it.

オ　that he was interested in wild animals.

ヒント

1 (5)(7) （　）に入る語とともに使われる語句を文中から探す。
▶ by air 航空便で
2 (5) 前半が命令文になっていることに注目する。
3 (4)「〜しないうちに」は「〜する前に」と考える。
(5) but は使えないことに注意。
▶ heavy[hévi ヘヴィ] 激しい　wallet[wάlit ワレト] さいふ
4 文の意味と時制を手がかりにする。
▶ corner[kɔ́ːrnər コーナァ] 角　turn 〜 off（明かりなど）を消す　wild[waild ワイルド] 野生の

1 次の文の（　　）内に入れるのに最も適当な語句を，下のア～エから選び，記号で答えなさい。

(1) I know (　　) you and Tom are very good friends.

　ア　and　　　　　　イ　that　　　　　ウ　when　　　　　エ　or

(2) Jim went home (　　) I was talking with Mary.

　ア　by　　　　　　イ　during　　　　ウ　till　　　　　　エ　while

(3) (　　) I found a good bike, it was very expensive.

　ア　Because　　　　イ　Though　　　　ウ　If　　　　　　エ　But

(4) Please knock on the door (　　) you enter the room.

　ア　before　　　　　イ　since　　　　　ウ　till　　　　　　エ　during

(5) Be kind to others, (　　) help you when you are in trouble.

　ア　or they can　　　　　　　　　　イ　and they will

　ウ　because you can　　　　　　　　エ　because you will

(6) Please stay here until I (　　) ready to go.

　ア　am　　　　　　イ　can　　　　　ウ　will be　　　　エ　am being

2 ⚠ミス注意

次の各組の2文がほぼ同じ内容を表すように，＿＿に適当な1語を入れなさい。

(1) Tom studied math before he went to bed.

　Tom went to bed ＿＿＿＿＿＿ he studied math.

(2) Ben is only ten, but he can play the guitar very well.

　＿＿＿＿＿＿ Ben is only ten, he can play the guitar very well.

(3) I can't keep a rabbit without your help.

　I can't keep a rabbit ＿＿＿＿＿＿ you don't help me.

(4) Don't say such a thing to him, or he will be really angry.

　＿＿＿＿＿＿ you say such a thing to him, he will be really angry.

(5) I was too excited at the news to sleep well that night.

　I was so excited at the news that I ＿＿＿＿＿＿ sleep well that night.

(6) My father died at the age of eighty.

　My father died ＿＿＿＿＿＿ he was eighty years old.

3 🔑重要
次の日本文の意味を表すように，（　）内の語句を並べかえなさい。

(1) とても寒かったので，私たちは今日，海で泳げませんでした。

(that / it / so / cold / was) we weren't able to swim in the sea today.

_____ we weren't able to swim in the sea today.

(2) ケイコが帰って来たらすぐに出かけよう。

(Keiko / go / soon / let's / as / as / comes) home.

_____ home.

(3) 急がないと，そのバスに間に合いませんよ。

(you / catch / hurry / or / bus / won't / up / the / ,).

_____

(4) 明日雨なら試合は延期されるでしょう。

The game will (postponed / if / be / it / rains) tomorrow.

The game will _____ tomorrow.

(5) 彼らは英語だけでなく中国語も話します。

They (only / also / speak / but / not / English / Chinese).

They _____.

(6) 時間があるときに私に手紙を書いてください。

Please (when / you / me / to / time / a letter / write / have).

Please _____.

4 🏠がつく
次の日本文を英語になおしなさい。

(1) 雨が降りはじめたとき，私は公園を走っていました。

_____ in the park.

(2) 宿題が終わったら車を洗うのを手伝ってくれない？

Can you _____

_____ ?

(3) もしあなたが明日忙しくなければテニスをしましょう。

Let's _____ tomorrow.

(4) 彼は，あなたか私のどちらかが間違っていると言っています。

He says _____.

16 前置詞

① 時

at ten （10時に）　　**on** Sunday （日曜日に）　　**on** August 1st （8月1日に）

in March （3月に）　　**in** 2020 （2020年に）　　**in** the morning （朝に）

in the evening （夕方に）　　**at** noon （正午に）　　**at** night （夜に）

on Sunday morning （日曜日の朝に）　　**on** the evening of May 11th （5月11日の夕方に）

before breakfast （朝食前に）　　　**after** school （放課後に）

for a week （1週間）　　　**during** the summer （夏の間に）

till[until] six o'clock （6時まで）　　**by** nine （9時までに）

in a minute （1分たてば）　　　**within** a minute （1分以内に）

② 場所

at the gate （門のところに）　**in** my car （私の車で）　**in** the park （公園の中で）

on the desk （机の上に）　　**on** a bus （バスで）　　**over** his head （(彼の) 頭の (真) 上に）

under the tree （木の (真) 下に）　　　**behind** me （私のうしろに）

near the lake （湖の近くに）　　　**by** the window （窓際に）

above the horizon （地平線上に）　　**below** the bridge （橋より下流に）

through the park （公園を通り抜けて）　　**between** A and B （AとBの間に）

start **from** A **for** B （AからBに向かって出発する）　　**among** us （私たちの間に）

③ その他の前置詞

by bus （バスで）　　**on** foot （徒歩で）　　**by** email （Eメールで）

with a pen （ペンで）　　**in** red ink （赤インクで）　**in** English （英語で）

with him （彼といっしょに）　　　**without** sugar （砂糖なしで）

for her birthday （彼女の誕生日のために）　**for** her age （(彼女の) 年のわりには）

④ 前置詞を使った重要表現

in front of ～ （～の前に）↔ **at the back** of ～ （～のうしろに）

out of ～ （～から外へ）↔ **into** （～の中へ）　　**get on** ～ （～に乗る）↔ **get off** ～ （～から降りる）

get to ～ = **arrive at** ～ （～に着く）　　**be made of** ＋材料 （～でつくられている）

be made from ＋原料 （～からつくられている）　**be made** into ＋製品 （～につくられている）

ポイント 一問一答

①時

次の英文の（　　）内の正しいものを○で囲みなさい。

- ☐ (1) Let's meet (at / in) ten o'clock.
- ☐ (2) I'm usually busy (on / in) Fridays.
- ☐ (3) Finish the work (by / till) nine o'clock.
- ☐ (4) He'll be back (until / within) half an hour.

②場所

次の英文の（　　）内の正しいものを○で囲みなさい。

- ☐ (1) Who is standing (below / behind) him?
- ☐ (2) Put the books (among / on) the desk.
- ☐ (3) My school is (above / near) the station.

③その他の前置詞

次の英文の（　　）内の正しいものを○で囲みなさい。

- ☐ (1) I went there (on / in) foot.
- ☐ (2) He came to school (by / on) bus this morning.
- ☐ (3) Try to write a letter (by / in) English.
- ☐ (4) He looks young (in / for) his age.

④前置詞を使った重要表現

次の英文の（　　）内の正しいものを○で囲みなさい。

- ☐ (1) Get (out of / in at) the car!
- ☐ (2) He got (in / at) a taxi quickly.
- ☐ (3) The train arrived (on / at) the station late at night.
- ☐ (4) These products are made (from / by) sugar.

答
① (1) at (2) on (3) by (4) within
② (1) behind (2) on (3) near
③ (1) on (2) by (3) in (4) for
④ (1) out of (2) in (3) at (4) from

1 〈前置詞の使い分け〉
次の英文の（　　）内の正しいものを○で囲みなさい。

(1) The movie starts (in / at / on) ten in the morning.

(2) We sometimes go to that restaurant (in / at / on) Sunday.

(3) This old temple was built (in / at / on) 1650.

(4) My aunt has been in the hospital (for / since / in) a week.

(5) She went to London last April, and she's been there (for / since / in) then.

(6) Don't stay up (till / by) late at night.

(7) The map (at / in / on) the wall looked very old.

(8) Nancy left Tokyo (for / at / from) her home country, Australia.

(9) It takes about 12 hours from Tokyo to Paris (at / over / by) plane.

(10) I want to buy a book written (at / with / in) easy English.

2 〈前置詞を使った語句の意味〉
次の英文を日本語になおしなさい。

(1) The bookstore is open from ten a.m. to eight p.m.

その書店は（　　　　　　　　　　　　　　　　　　　　　　　）

(2) Let's take a picture in front of the train.

（　　　　　　　　　　　　　　　　　　）写真をとりましょう。

(3) The new bullet train has started running between Kagoshima and Osaka.

新しい新幹線が（　　　　　　　　　　　　　　）走りはじめました。

(4) My father bought a magazine on the way to the station.

私の父は（　　　　　　　　　　　　　　　　　）雑誌を買いました。

(5) It's impossible to use this computer without your support.

（　　　　　　　　　　　　　　）このコンピューターを使うことは不可能です。

3 〈前置詞を使った連語，慣用表現〉 🔊重要
次の日本文の意味を表すように，＿＿に適当な 1 語を入れなさい。

(1) 私が赤ん坊のころ，祖母が私の面倒をみてくれました。

My grandmother took care ＿＿＿＿＿＿＿ me when I was a baby.

(2) 嵐のせいですべての電車が止まりました。

All the trains stopped because ＿＿＿＿＿＿＿ the storm.

4 〈前置詞を含む表現〉
次の文の＿＿＿に入れるのに最も適当な語句を，下のア～エから選び，記号で答えなさい。

(1) Mary is very good ＿＿＿＿＿＿＿. 　　　　　　　　　　(　　)

(2) Don't be afraid ＿＿＿＿＿＿＿. 　　　　　　　　　　(　　)

(3) That seaside town is famous ＿＿＿＿＿＿＿. 　　　(　　)

(4) My father is interested ＿＿＿＿＿＿＿. 　　　　　(　　)

　　ア　in watching wild birds 　　　　イ　at swimming
　　ウ　of making mistakes 　　　　　　エ　for its beautiful beaches

5 〈前置詞を使った書きかえ〉 **重要**
次の各組の2文がほぼ同じ内容を表すように，＿＿＿に適当な1語を入れなさい。

(1) My opinions and his opinions are not the same.

　　My opinions are different ＿＿＿＿＿＿＿ his.

(2) My sister likes Italian food very much.

　　My sister is very fond ＿＿＿＿＿＿＿ Italian food.

(3) He walked to the station.

　　He went to the station ＿＿＿＿＿＿＿ foot.

(4) When he left, he didn't say anything.

　　He left ＿＿＿＿＿＿＿ saying anything.

ヒント

1 (1)～(3) 時の前置詞は時刻，曜日，日付，年など，表す時によって使い分ける。
　(6) 状態の継続を表す「～まで」と，期限を表す「～までに」を混同しない。
　▶ in the hospital 入院して　stay up 起きている
2 まず，英文のどの部分が日本語の空所になっているかを確認する。
　▶ bullet[búlit ブレト] 弾丸　bullet train 新幹線　support[səpɔ́ːrt サポート] 支え
3 (1) take care とともに用いられて，「～の面倒をみる」という意味を表す前置詞。
　(2) because とともに用いられて，「～のせいで」という意味を表す前置詞。
　▶ storm[stɔːrm ストーム] 嵐
4 それぞれの形容詞がどの前置詞と結びつくかを考える。
　▶ seaside[síːsaid スィーサイド] 海辺　mistake[mistéik ミステイク] 誤り
　　make a mistake 間違いをする
5 (4)「何も言うこともなしに」と考える。
　▶ opinion[əpínjən オピニオン] 意見

1 がっく
次の英文の（　　）内の正しいものを○で囲みなさい。

(1) She'll be here (at / by / in / till) ten minutes.

(2) My desk is made (from / into / for / of) wood.

(3) Why is she angry (on / for / with / by / to) me?

(4) I paid 1,200 yen (by / with / on / for) this book.

(5) You can use this room (by / in / until / for) six o'clock.

(6) They left for the U.S. (at / on / in / for) the morning of August 20th.

2 次の日本文の意味を表すように，＿＿に適当な1語を入れなさい。

(1) 私は毎日，朝食前に1時間勉強します。

I study for an hour ＿＿＿＿＿＿ ＿＿＿＿＿＿ every day.

(2) 私はときどき，幼い妹の世話をします。

I sometimes ＿＿＿＿＿＿ ＿＿＿＿＿＿ my small sister.

(3) 彼は年齢のわりにとても若く見えます。

He looks very young ＿＿＿＿＿＿ his ＿＿＿＿＿＿.

(4) 放課後に川に釣りをしに行こう。

Let's go fishing in the river ＿＿＿＿＿＿ ＿＿＿＿＿＿.

3 重要
次の各組の2文がほぼ同じ内容を表すように，＿＿に適当な1語を入れなさい。

(1) The boy left home. He didn't eat anything.

The boy left home ＿＿＿＿＿＿ ＿＿＿＿＿＿ anything.

(2) Yoshio plays the piano very well.

Yoshio is very ＿＿＿＿＿＿ ＿＿＿＿＿＿ playing the piano.

(3) Mary practiced tennis and then went to school.

Mary went to school ＿＿＿＿＿＿ ＿＿＿＿＿＿ tennis.

(4) My father flies to China three times a year.

My father goes to China ＿＿＿＿＿＿ ＿＿＿＿＿＿ three times a year.

(5) Ken is a member of the soccer team of his school.

Ken ＿＿＿＿＿＿ ＿＿＿＿＿＿ the soccer team of his school.

(6) Let's go out for dinner tonight, shall we?

How _____ _____ out for dinner tonight?

4 🔑重要

次の文の____に，適する語を入れなさい。

(1) Thanks _____ your help.

(2) Look at that cat _____ blue eyes.

(3) I'm looking forward _____ the soccer game.

(4) Shall I wait _____ you at the station?

(5) Could you help me _____ my report?

5 ⚠️ミス注意

次の英文の意味が通るように，①〜⑥に入る前置詞を下のア〜エから選び，記号を○で囲みなさい。

*Helen Keller was all right when she was born (①) June 27, 1880. But she became very sick the next year. After that, she could not see or hear. Her parents loved her and they tried to take care (②) her. But it was not easy. She could not learn what to do.

*By the time Helen was six years old, her parents were unhappy. They knew that Helen was very *smart. But they could not teach her. They did not know what to do. But they knew they had to do something.

Often Helen was not a nice child. She did not know how to eat (③) the table. She made strange noises (④) a bird. She sometimes hit her mother or her father. She often ran (⑤) the room and hurt herself.

When Helen was seven, her parents decided to find help for her. They wrote (⑥) a teacher in *Boston. They asked him to find a teacher for Helen. He wrote to them and said, "I know a good teacher for Helen. Her name is *Annie Sullivan. I will send her to you."

*Helen Keller　ヘレン・ケラー　　by the time 〜　〜するころまでには　　smart　利口な
　Boston　ボストン（都市の名前）　　Annie Sullivan　アニー・サリバン

	ア	イ	ウ	エ
①	in	on	at	for
②	of	from	with	by
③	under	on	with	at
④	like	into	of	from
⑤	without	above	around	between
⑥	with	to	on	at

117

17 そのほかの重要表現

① 付加疑問

☐ **否定の付加疑問**…肯定文のあとに否定の疑問形〈否定の短縮形＋主語〔代名詞〕〉がきて，「〜ですね」という意味になる。付加疑問の前には , (カンマ) を入れる。

It is hot today, **isn't it**? (今日は暑いですね)
　　　　　　　　　　　　　　→〈否定の短縮形＋主語〉

> 助動詞のある文：
> It will be fine soon, won't it?

☐ **肯定の付加疑問**…否定文のあとに肯定の疑問形〈肯定形＋主語〔代名詞〕〉がきて，「〜ではないですね」という意味になる。

It isn't hot today, **is it**? (今日は暑くはありませんね)
　　　　　　　　　　　　　→〈肯定形＋主語〉

☐ **命令文の付加疑問**…命令文のあとに **will you**? がくる。

Open the window, **will you**? (窓を開けてくれませんか)

☐ **Let's 〜 の付加疑問**…Let's 〜 の文のあとに **shall we**? がくる。

Let's start, **shall we**? (さあ，出発しましょう)

② 感嘆文…喜びや驚きを表す文

☐ 〈**What a [an]＋名詞＋主語＋動詞！**〉…「なんと〜な…なのでしょう！」

What | a big tree | that is |! (あれはなんて大きな木なのでしょう)
What を文頭に置き，その後に〈(a [an]) 形容詞＋名詞＋主語＋動詞〉の形にする。

☐ 〈**How＋形容詞 [副詞]＋主語＋動詞〜！**〉…「なんと〜なのでしょう！」

How big that tree is! (あの木はなんて大きいんでしょう)How 〜 のあとには名詞が続かない。
ただし，〈主語＋動詞〉は省略されることが多い。

③ 否定表現…not 以外の否定を表す語句

☐ never「決して [1度も] 〜ない」，neither 〜 nor ...「〜も…もない」，nothing「何も〜ない」，no one [nobody, none]「だれも〜ない」

(no one [nobody] は単数，none は複数扱いになる)，〈little＋数えられない名詞〉〈few＋数えられる名詞〉「ほとんどない」，など。

Neither he **nor** I am sick. (彼も私も病気ではありません)

☐ 前の否定文を受けて同じ否定の内容で返答するのは〈Neither＋助動詞 [be 動詞]＋主語 .〉。

He isn't free. — Neither am I. (彼はひまではありません。—私もです。)

テストでは ココ が ねらわれる

●付加疑問は，〈肯定文＋否定の疑問形〉，〈否定文＋肯定の疑問形〉になる。
●感嘆文は What と How の使い分けに注意しよう。名詞がポイントになる。
● not を使わない否定表現に注意しよう。

ポイント 一問一答

① 付加疑問

次の英文の（　　）内の正しいものを○で囲みなさい。

☐ (1) It's a beautiful day, (is / isn't) it?

☐ (2) She wants to become an actress, (doesn't / does) she?

☐ (3) They won't come to the party, (will / won't) they?

☐ (4) You don't like snakes, (do / don't) you?

☐ (5) Be quiet, (will / should) you?

☐ (6) Let's cross the road, (can / shall) we?

② 感嘆文

次の英文の（　　）内の正しいものを○で囲みなさい。

☐ (1) (What / How) beautiful flowers they are!

☐ (2) (What / How) fast that horse is running!

☐ (3) What a nice camera (have you / you have)!

☐ (4) How pretty (are the girls / the girls are)!

☐ (5) (What / How) a powerful voice she has!

☐ (6) (What / How) wonderful the movie is!

③ 否定表現

次の英文の（　　）内の正しいものを○で囲みなさい。

☐ (1) I (will / won't) never visit such cold places.

☐ (2) Do you have anything to do today? ― (Not / Nothing).

☐ (3) She can neither ski (nor / or) skate.

☐ (4) I'm not good at golf. ― (So / Neither) am I.

☐ (5) (Either / Neither) you nor I have a cat.

☐ (6) (No one / Nothing) goes to school today.

答 ① (1) isn't　(2) doesn't　(3) will　(4) do　(5) will　(6) shall

② (1) What　(2) How　(3) you have　(4) the girls are　(5) What　(6) How

③ (1) will　(2) Nothing　(3) nor　(4) Neither　(5) Neither　(6) No one

1 〈付加疑問文の意味〉
次の英文を日本語になおしなさい。

(1) You understand English, don't you?

あなたは英語を（ 　　　　　　　　　　　　　　　　　　　　　　　　　　　）。

(2) It was very hot yesterday, wasn't it?

昨日は（ 　　　　　　　　　　　　　　　　　　　　　　　　　　　　　　　）。

(3) He plays the piano, doesn't he?

彼は（ 　　　　　　　　　　　　　　　　　　　　　　　　　　　　　　　　　）。

(4) Mary doesn't have a bike, does she?

メアリーは（ 　　　　　　　　　　　　　　　　　　　　　　　　　　　　　）。

(5) They weren't with you at that time, were they?

彼らはそのとき（ 　　　　　　　　　　　　　　　　　　　　　　　　　　　）。

2 〈付加疑問文の形〉 **◉重要**
次の英文の（ 　　）内の正しいものを〇で囲みなさい。

(1) Jack is taller than I, (isn't Jack / isn't he / is he)?

(2) You were 20 years old when we first met, (were you / didn't you / weren't you)?

(3) Mary likes playing tennis, (does she / doesn't she / isn't she)?

(4) Your sister called my brother last night, (didn't you / did she / didn't she)?

(5) You have finished reading the book, (didn't you / don't you / haven't you)?

(6) Meg can't play the guitar, (can she / can't she / does she)?

(7) He didn't sleep well that night, (did he / didn't he / does he)?

(8) Mike will bring his brother to the party, (will he / won't he / is he)?

(9) Pass me the salt, (shall we / do you / will you)?

(10) Let's go swimming in the river, (will you / shall we / shall I)?

3 〈感嘆文の意味〉
次の英文を日本語になおしなさい。

(1) What an easy question this is!

(　　　　　　　　　　　　　　　　　　　　　　　　　　　　　　　　　　　　）

120

(2) How carefully he drives!

(   )

(3) How foolish I was to do such a thing!

そんなことをするなんて (   )。

4 〈感嘆文のつくり方〉 **重要**
次の文を感嘆文に書きかえるとき，____ に入る適当な1語を答えなさい。

(1) Ken is a very good soccer player.

_____ _____ _____ soccer player Ken is!

(2) Your sister looks very young.

_____ _____ your sister looks!

(3) You are carrying a very heavy box.

_____ a _____ _____ you are carrying!

5 〈否定表現の形〉 ⚠ ミス注意
次の日本文の意味を表すように，____ に適当な1語を入れなさい。

(1) 昨日，私は公園でだれにも会いませんでした。

I saw _____ in the park yesterday.

(2) 彼は1度もヨーロッパへ行ったことがありません。

He has _____ been to Europe.

(3) ビンの中にはワインはほとんどありませんでした。

There was _____ wine in the bottle.

(4) 私はフランス語が話せる友だちはほとんどいません。

I have _____ friends who can speak French.

(5) 弟は英語も数学も好きではありません。

My brother likes neither English _____ math.

💡ヒント

1 (1)～(3) 否定の付加疑問になっている点に注意。

(4)(5) 肯定の付加疑問になっている点に注意。

→ understand[ʌndərsténd アンダスタンド] ～を理解する

2 前半の文の主語と動詞に注意する。付加疑問では主語は代名詞に置きかえる。

→ salt[sɔːlt ソールト] 塩

3 感嘆文は「なんて [なんと] ～なのでしょう」のように訳すとよい。

4 ふつうの文を感嘆文にするときは形容詞のあとに名詞があるかどうかに着目する。

5 not を使っていない否定文は否定の意味を含む語句を用いる。

(3)(4) 次に続く名詞に注意。

標 準 問 題

▶答え　別冊 p.47

1 ⚷重要

次の日本文の意味を表すように，＿＿に適当な 1 語を入れなさい。

(1) ロンは高校に通っていますね。

Ron goes to high school, ＿＿＿＿＿＿ ＿＿＿＿＿?

(2) あなたは私たちを手伝いにきてくれますね。

You will come to help us, ＿＿＿＿＿＿ ＿＿＿＿＿?

(3) あなたの前にあるはさみをとってくれませんか。

Please pass me the scissors in front of you, ＿＿＿＿＿＿ ＿＿＿＿＿?

(4) 6 月は雨がとても多いですね。

You have a lot of rain in June, ＿＿＿＿＿＿ ＿＿＿＿＿?

(5) あなたはパーティーでたくさんの人に会いましたね。

You met many people at the party, ＿＿＿＿＿＿ ＿＿＿＿＿?

(6) あなたはまだ部屋をそうじしていないですね。

You haven't cleaned your room yet, ＿＿＿＿＿＿ ＿＿＿＿＿?

2 差がつく

次の各組の 2 文がほぼ同じ内容を表すように，＿＿に適当な 1 語を入れなさい。

(1) I don't have anything to do today.

I have ＿＿＿＿＿ to do today.

(2) He hasn't finished the work yet. I haven't yet, either.

＿＿＿＿＿ he ＿＿＿＿＿ I have finished the work yet.

(3) There were not any libraries in this town ten years ago.

This town had ＿＿＿＿＿ ＿＿＿＿＿ ten years ago.

(4) How fast you run!

＿＿＿＿＿ a fast ＿＿＿＿＿ you are!

(5) What a good speaker of English you are!

How ＿＿＿＿＿ you can ＿＿＿＿＿ English!

3 🔑重要

次の英文の下線部のうち誤りを含むものを選び，番号で答えなさい。

(1) ① What exciting the game ② played ③ by them yesterday ④ was!　　（　　　）

(2) You ① went ② to the park ③ yesterday, ④ weren't you?　　　　　（　　　）

(3) ① Let me ② drop in at a bookstore ③ before going to the ④ station, shall we?

（　　　）

(4) Don't touch ① the silver plates, ② do you? They are ③ expensive, so I don't let
anyone ④ use them.　　　　　　　　　　　　　　　　　　　　　（　　　）

4 ⚠ミス注意

次の日本文の意味を表すように，（　　　）内の語句を並べかえなさい。

(1) 宿題をし終わっていないのでしょう？

(finished / you / you / your / have / doing / homework / haven't / ,)?

_____

(2) 彼らはここで野球をしたいのですよね。

(baseball / don't / want / they / to / here / play / they / ,)?

_____

(3) ここからのながめはなんてすばらしいのだろう。

(the / from / is / here / wonderful / view / how)!

_____

(4) そんなことができるなんてジョンはなんて頭がいいイヌなのでしょう。

(dog / John / such / to / what / smart / do / a / is) a thing!

_____ a thing!

(5) その男の人がどんな本を書いたのかだれも知りません。

(wrote / knows / book / one / what / the / no / man).

_____

(6) 学校に遅れる学生はほとんどいませんでした。(1 語不要)

(were / school / a / students / for / few / late).

_____

◎制限時間 **40**分
◎合格点 **80**点
▶答え　別冊 p.48

[　　　] 点

1 次の文の（　　）内に入れるのに最も適当な語句を，下のア〜エから選び，記号で答えなさい。

〈2点×5〉

(1) You mean she is wrong, (　　　)?

　　ア　are you　　　　イ　don't you　　　　ウ　doesn't she　　　エ　is she

(2) You have a friend named James White, (　　　)?

　　ア　haven't you　　イ　don't you　　　ウ　hasn't he　　　エ　doesn't he

(3) Get up now, (　　　) you will miss the school bus.

　　ア　or　　　　　　イ　and　　　　　　ウ　but　　　　　エ　so

(4) I've heard of the incident, (　　　) I don't know the details.

　　ア　and　　　　　イ　but　　　　　　ウ　so　　　　　　エ　if

(5) The actor got out (　　　) the car, and his fans shouted his name.

　　ア　by　　　　　　イ　for　　　　　　ウ　into　　　　　エ　of

(1)		(2)		(3)		(4)		(5)	

2 次の文の＿＿＿に，下から適当な語を選んで入れなさい。

〈2点×5〉

(1) I didn't want anything to eat ＿＿＿＿＿＿ I was full.

(2) My father usually drinks coffee ＿＿＿＿＿＿ milk and sugar.

(3) Let's sing the song again from the beginning, ＿＿＿＿＿＿ we?

(4) The temple stands 2,000 meters ＿＿＿＿＿＿ sea level.

(5) I'd like either you ＿＿＿＿＿＿ Ken to help me.

above / or / because / shall / without

(1)		(2)		(3)	
(4)		(5)			

3 次の日本文の意味を表すように，＿＿に適当な1語を入れなさい。 〈2点×5〉

(1) 私はサッカーにもテニスにも興味がありません。

I'm interested ＿＿＿＿＿＿ neither football ＿＿＿＿＿＿ tennis.

(2) 私はロンドン滞在中にロンドンブリッジ近くの劇場を訪れました。

I visited the theater ＿＿＿＿＿＿ London Bridge ＿＿＿＿＿＿ my stay in London.

(3) 昨日，彼にEメールでその写真を送ってくれましたね。

You sent him the photo ＿＿＿＿＿＿ email yesterday, ＿＿＿＿＿＿ you?

(4) もし私があなたならそんなことはしないだろう。

＿＿＿＿＿＿ I ＿＿＿＿＿＿ you, I would not do such a thing.

(5) 娘たちの面倒をよくみてくれてありがとうございます。

Thank you ＿＿＿＿＿＿ taking good care ＿＿＿＿＿＿ my daughters.

(1)		(2)	
(3)		(4)	
(5)			

4 次の文の（　）内に入れるのに最も適当な語句を，下のア〜オから選び，記号で答えなさい。 〈2点×5〉

(1) We have not only a cat (　　　).

(2) We are (　　　) in many ways.

(3) She is not good at (　　　) others.

(4) He (　　　) a sports club, does he?

(5) She was so sad (　　　) for a while.

　ア　different from each other

　イ　doesn't belong to

　ウ　that she couldn't stop crying

　エ　speaking in front of

　オ　but also a dog

(1)		(2)		(3)		(4)		(5)	

5 次の各組の2文がほぼ同じ内容を表すように, ____ に適当な1語を入れなさい。 〈4点×4〉

(1) Let's play tennis when school is over.

　　Let's play tennis _____ _____ .

(2) This bag is too heavy for me to carry.

　　This bag is _____ _____ that I can't carry it.

(3) My mother can swim very well.

　　My mother is very _____ _____ swimming.

(4) I am not a bird, so I can't fly in the sky.

　　If I _____ a bird, I _____ fly in the sky.

(1)		(2)	
(3)		(4)	

6 次の日本文の意味を表すように, (　　) 内の語句を並べかえなさい。 〈5点×4〉

(1) 夕食を食べる前に手を洗いなさい。

　　(hands / eat / your / before / wash / you) dinner.

(2) 君が前に話していた映画, 見るのを楽しみにしているよ。(下線の語は適切な形に変えること)

　　(you / am / to / see / looking / the movie / I / talked about / forward) before.

(3) この町ではほとんどの家は木造です。(1語不足)

　　In this town, (most / are / houses / made / wood).

(4) 私はとても疲れていたので, 何も食べられませんでした。(1語不足)

　　(tired / couldn't / that / I / I / anything / was / eat).

(1)	
(2)	
(3)	
(4)	

7 次の英文の (1)〜(8) に入る最も適当な語句を下のア〜エから選び, 記号で答えなさい。

〈3点×8〉

　　One Saturday, after Kenta played tennis at school, he went to a bookstore near his school. When he was looking (　1　) books, he saw a young woman *pushing a stroller on the *sidewalk. He found that she could not move because there were many bikes there. Kenta went (2) the bookstore, and ran to the woman. He moved all the bikes away for her. She said, "Thank you. Tell me your name, please. You are a student at Minato Junior High School, aren't you?" "... Goodbye," Kenta said and ran away.

A few days later, at the classroom in the morning, Kenta was listening (3) his teacher. "Everyone, we got a letter from a woman yesterday. In the letter she says she was helped by a boy student of our school. When she was *in need near a bookstore, the boy was very kind (4). The boy didn't tell his name, so she sent the letter to our school to thank him. We're happy to get such a letter, and *we're proud of the good student." Kenta thought, "It's me, but I'm not a good student."

(5) school, Kenta went to the teachers' room. He said to his teacher, "Excuse me. You told us about the letter from a woman this morning, (6)? The student in that letter is me, but ... I'm not a good boy. That day a lot of bikes were put on the sidewalk. I also put my bike there." Then, the teacher smiled (7) Kenta and said, "You put your bike on the sidewalk? That wasn't good, and you (8) *careless, weren't you? But you helped the woman in need. Most people want to help other people in need, but they usually don't. When you see people in need, I want you to help them." "OK, I will," Kenta said. When he was going to leave the room, his teacher said to him. "Kenta, if you are kind to others, they'll be happy and you'll be happy too. Please remember this."

*push a stroller ベビーカーを押して動かす   sidewalk 歩道   in need 困っている
be proud of ～ ～を誇りに思う   careless 不注意な

(1) ア to   イ for   ウ from   エ with
(2) ア into   イ among   ウ out of   エ up to
(3) ア in   イ on   ウ to   エ at
(4) ア to her   イ by her   ウ on him   エ at him
(5) ア After   イ Without   ウ Under   エ Through
(6) ア aren't you イ didn't you   ウ isn't she   エ didn't she
(7) ア in   イ by   ウ at   エ of
(8) ア are   イ were   ウ weren't   エ have been

(1)		(2)		(3)		(4)	
(5)		(6)		(7)		(8)	

第1回 模擬テスト

◎制限時間 **40**分
◎合格点 **80**点
▶答え　別冊 p.50

□ 点

1 次の対話文(1)～(4)の □ に入る最も適当な英語を，下のア～エのうちからそれぞれ1つずつ選び，その記号を書きなさい。　(岩手県)〈4点×4〉

(1) A : Here is your tea.

B : Thank you.

A : □ careful. It is still hot.

　　ア　Aren't　　　イ　Be　　　　ウ　Do　　　エ　Don't

(2) A : I need Tom's help now. Is Tom here?

B : No, he is not.

A : OK. Please tell me when you see him.

B : Wait! Look outside. Tom and his friends □ soccer now.

　　ア　are playing　　イ　played　　ウ　plays　　エ　were playing

(3) A : I have lost my watch.

B : Oh, I saw it on the table this morning.

A : Did you? I don't see it there now.

B : Why don't you look for it □ the table?

　　ア　during　　　イ　from　　　ウ　to　　　エ　under

(4) A : What's your plan for the summer vacation?

B : My plan is to visit my uncle in Tokyo. How about you?

A : I'm thinking of going to Okinawa □ the beautiful sea.

B : Good.

　　ア　enjoyed　　イ　is enjoying　　ウ　to see　　エ　I seeing

(1)		(2)		(3)		(4)	

2 次の対話文の（　）の中に最も適する英語を，それぞれ1語ずつ書きなさい。(山形県)〈6点×2〉

(1)　Alice : When is your birthday?

　　　Kota : It's May 5. I was （　　） on Children's Day.

(2)　　Bill : How many students does your high school have?

　Miyuki : It has one （　　）. Each class has forty, and there are twenty-five classes.

(1)		(2)	

128

3 次の(1), (2)の □1□ ～ □3□ に, あ～うの英文を, AとBの対話が成り立つように当てはめたとき, その組み合わせとして最も適当なものを, それぞれア～エから選びなさい。

（北海道）〈4点×2〉

(1) A : The concert was wonderful. Did you like her songs?

　　B : □ 1 □

　　A : □ 2 □

　　B : □ 3 □

　　あ　Let's go to her concert again.

　　い　Of course. I liked them very much. Thank you for inviting me to it.

　　う　You're welcome. I'm happy you enjoyed it very much.

　　　ア　(1 ― い, 2 ― う, 3 ― あ)　　　イ　(1 ― う, 2 ― い, 3 ― あ)

　　　ウ　(1 ― う, 2 ― あ, 3 ― い)　　　エ　(1 ― い, 2 ― あ, 3 ― う)

(2) A : I have two tickets for a baseball game this Saturday. Do you want to come with me?

　　B : □ 1 □

　　A : □ 2 □

　　B : □ 3 □

　　あ　It'll start at five. Shall we meet at the station at three?

　　い　Yes, but I have a club activity until two o'clock. What time will the game start?

　　う　OK! I'll call you if I'm late.

　　　ア　(1 ― う, 2 ― い, 3 ― あ)　　　イ　(1 ― う, 2 ― あ, 3 ― い)

　　　ウ　(1 ― い, 2 ― あ, 3 ― う)　　　エ　(1 ― い, 2 ― う, 3 ― あ)

(1)		(2)	

4 次の会話の下線部について, (　　)内の語を並べかえ, 意味のとおる英文にしなさい。

（鳥取県）〈10点〉

Reiko : Do you know *Tonari no Totoro*?

Nancy : Yes! It is the most (ever / movie / watched / wonderful / have / I). It is a good story.

Reiko : I agree.

129

5 次の百合 (Yuri) とジョン (John) の会話の流れが自然になるように，次の　　の中に，7 語以上の英語を補いなさい。 (静岡県)〈10点〉

John : Your mother said *Hinamatsuri* was coming soon. What is *Hinamatsuri*?

Yuri :

John : I see. Thank you for telling me.

6 次の英文は，薫 (Kaoru) が，色について調べたことを，英語の時間に発表したものである。これを読んで，あとの問いに答えなさい。 (愛媛県)〈(1)・(2)・(4)・(5)6点×6，(3)8点〉

What color do you like? I will tell you about colors.

I have an uncle who works in Narita *Airport. When I was ten years old, my father took me to an event there. I was surprised to see a big airport for the first time. Many big planes were going up into the blue *sky. I was very excited to watch (A)them. Since then, I have been interested in planes. Even now I often go to the airport to watch them. One day, I *noticed that many planes are white. I said to myself, "　　(B)　　" I called my uncle and asked him that question.

He told me some *reasons. Many plane *companies *paint their planes white because white *reflects *sunlight. On a sunny day, when you are wearing a black shirt, you will feel hotter than you will when you are wearing a white one. [ア] They don't have to use a lot of money for *temperature adjustment if they paint their planes white. And *paint of other colors is more expensive than white paint. My uncle said that he would tell me other reasons when we meet next time. [イ]

I got more interested in colors, and I began to watch many cars on the street. I saw many colors. I saw white the most. Two weeks ago, I went to the library to find other *facts about colors. There I found an interesting one. Have you ever seen *taxis in *New York on TV? They are yellow. More than 13,000 yellow taxis run on the streets in New York. Why are they yellow? In 1907, a man *imported many cars and started a taxi company. The taxis were *originally red and green. But he painted all of them yellow. Yellow is a very *loud color. I think you will agree. And he thought it was easier to find yellow taxis from far away. People found them as *easily as he thought they would. Other taxi companies began (C)to do the same thing. Now, almost all of the taxis in New York are yellow. [ウ] Also, many taxis in New York are made by Japanese companies. I *am very proud of that.

I will tell you another good thing about yellow. In *Singapore, some taxis are yellow, and others are blue. People there *did research on the number of *accidents. The numbers were very different between the two colors. The research showed that (D)(①) taxis had more accidents (②) (③) ones. On a rainy day, you wear a *raincoat, right? 〔 エ 〕 What color is yours? I think you should wear a raincoat that is a loud color, especially at night.

In our art class last month, we learned that colors *affect us. When we see red, we feel excited. When we see green, we feel *relaxed. And some colors make us more *comfortable and *safer. I believe that we enjoy our lives when we use colors we like. Everything in the world has a color. We feel something about each color. And we find our own *meaning of a color. What is your favorite color?

*airport 空港　sky 空　notice ～　～に気づく　reason(s) 理由
company(companies) 会社　paint ～ ...　～を…に塗る　reflect ～　～を反射する
sunlight 日光　temperature adjustment 温度調節　paint 塗料　fact(s) 事実
taxi(s) タクシー　New York ニューヨーク　import ～　～を輸入する
originally 最初は　loud 派手な　easily 簡単に　be proud of ～　～を自慢に思う
Singapore シンガポール　do research on ～　～の調査をする　accident(s) 事故
raincoat レインコート　affect ～　～に影響を与える　relaxed くつろいだ
comfortable 快適な　safe 安全な　meaning 意味

(1) 本文中の(A)が指すものを，3語で本文中からそのまま抜き出して書け。

(2) 本文中の(B)に当てはまる最も適当なものを，次のア～エの中から一つ選び，その記号を書け。

　　ア　Why are many planes white?　　イ　Why is this airport so big?
　　ウ　Why is the sky blue today?　　エ　Why do many people work here?

(3) 本文中の(C)の指す内容を，日本語で具体的に説明せよ。

(4) 本文中の(D)について，本文の内容に合うように，(①)～(③)に当てはまる最も適当な英語を，それぞれ本文中からそのまま抜き出して1語ずつ書け。

(5) 次の1文が入る最も適当な場所を，本文中のア～エの中から一つ選び，その記号を書け。

I hope that day will come soon.

(1)		(2)		
(3)				
(4) ①		②		③
(5)				

第2回 模擬テスト

◎制限時間 **40**分
◎合格点 **80**点
▶答え　別冊p.52

☐ 点

1 次の英文を読んで，(1)，(2)は各対話の状況を考え，最も適切な応答となるように ☐ に入る
ものを，下のア～エから1つ選んで記号で答えなさい。 （富山県・大阪府）〈5点×2〉

(1) 　　　　　　Akio : Hello, this is Akio. May I speak to Tom, please?

　　Tom's mother : Sorry, but he is out now.

　　　　　　Akio : I see. ☐

　　Tom's mother : Sure.

　　ア　Shall I take a message?　　　　イ　Can I call him again?

　　ウ　Will you give me a message?　　エ　May I help you?

(2) Ken : I'm excited to watch a basketball game at Toyama *Gym.

　　Bob : Me too. ☐

　　Ken : My mother will take me to the gym by car. She can take you too.

　　Bob : Thanks. I'm happy to hear that.　　　　　　　　　　*gym 体育館

　　ア　How will you go there?　　　　　イ　How long will you stay there?

　　ウ　How often do you play basketball?　エ　How did you like basketball?

(1)		(2)	

2 次の各問いの会話文について，（　　）に入る最も適切な1語を下の語群から選び，適切な形に
変えて書きなさい。ただし，語群の単語はそれぞれ1度しか使いません。 （沖縄県）〈6点×3〉

(1) A : Excuse me. I'm looking for a book. Its name is "History of Okinawan Food."

　　B : Wait a minute ... Well, someone (　　　　　) the book yesterday.

　　A : O.K. Thank you.

(2) A : Oh, you are not late for the soccer practice today!

　　B : I tried to get up 30 minutes (　　　　　) than usual today.

　　A : Good! Let's begin the practice!

(3) A : What are you doing, Dad?

　　B : Look at this baby (　　　　　) milk in this picture.

　　A : Oh! That's me. So cute!

語群：early　　come　　hard　　borrow　　do　　drink

(1)		(2)		(3)	

3 次の【予定表】は中学3年生の秀樹 (Hideki) が予定を書き込んだものである。この【予定表】の内容に合う英文を，下のア〜オの中から 2 つ選び，記号を書きなさい。　（佐賀県）〈6点×2〉

【予定表】

Sunday	Monday	Tuesday	Wednesday	Thursday	Friday	Saturday
3 / 10	3 / 11 *English school*	3 / 12 *Swimming lesson*	3 / 13	3 / 14	3 / 15 *Graduation ceremony*	3 / 16 *Piano lesson*
3 / 17	3 / 18 *English school*	3 / 19 *Swimming lesson*	3 / 20	3 / 21 *Father's birthday*	3 / 22	3 / 23 *Piano lesson*
3 / 24　3 / 25　3 / 26　3 / 27　3 / 28　3 / 29　3 / 30　　*Homestay in America*						
3 / 31 *Visiting Grandfather's house*	4 / 1	4 / 2	4 / 3 *Watching soccer game*	4 / 4 *English school*	4 / 5	4 / 6 *Piano lesson*
4 / 7	4 / 8 *English school*	4 / 9 *Swimming lesson*	4 / 10 *Hagakure High School entrance ceremony*	4 / 11 *English school*	4 / 12	4 / 13 *Watching baseball game*

ア　Hideki is going to have a piano lesson every Saturday.

イ　Hideki is going to have two swimming lessons in March.

ウ　Hideki is going to study at English school every Monday and Thursday in March.

エ　Hideki is going to do a homestay in America for eight days.

オ　Hideki is going to visit grandfather's house after he comes back from America.

4 Akira は，英語の授業で，夏休みの出来事についてスピーチをすることになり，下の原稿を準備しました。あなたが Akira なら，①〜②の内容をどのように英語で表しますか。それぞれ 6 語以上の英文を書き，下の原稿を完成させなさい。ただし，I'm などの短縮形は 1 語として数え，コンマ (,)，ピリオド (.) などは語数に入れません。　（三重県）〈10点×2〉

【原稿】

> Hello, everyone.　I'm going to tell you about my trip to Yamanaka City.
> ① Yamanaka City に電車で家族と行ったこと。
> ② 晴れていたので，公園を散歩したこと。
> Thank you.

①	
②	

5 中学生の裕太 (Yuta) さんは，裕太さんが住んでいる地域の英語スピーチコンテストに参加しました。次の英文は，裕太さんのスピーチの原稿です。これを読んで，あとの問いに答えなさい。

(山形県) 〈⑴・⑵4点×2，⑶6点，⑷8点×2，⑸10点〉

| X | Is it to do well in a test, or to win a match in your club activity? To me, it was to get the first prize in everything. But now, it's a little different.

We have our school's *sports day in June every year. The biggest event in the sports day is the *relay of the five classes in the same *grade. All boys and girls in the class run as a team in the relay. This year I was the last runner of our class because I was the leader of the boys in our class. (A) I wanted our class to be number one!

The day has come. Now it's time for the relay. The runners of the five classes started on the *signal of a teacher. The first runner of our class was my friend, Ken, the fastest runner of our class. (B) He ran faster than the other runners, and passed a *baton to the next runner. But the runners of the other classes came closer to our runner later. The girl who was going to run before me was Aya. She and the four other runners got the baton almost at the same time. (C) She was coming to me as fast as the other runners. "Yuta!" with her voice, the baton touched my hand. I took it and tried to start running very fast.

Suddenly, something happened. (D) Maybe my leg hit the other runner's leg. I lost my *balance, and fell down to the ground. I tried to stand up, but I couldn't because my left *ankle hurt. I felt tears in my eyes and thought, "Stand up. We have practiced very hard for today. Everyone's effort will be a waste because of me."

"Are you all right?" someone asked me. It was Ken. I *wiped my tears and looked at him. He asked me, "Shall I help you to stand up?" I said, "Our class will *be disqualified if you help me." "Hey, that doesn't matter," he said, "Let's go to the goal together." I thought for a while, and said, "OK." He pulled my hand. I put my left *arm on his *shoulders and he supported me. I found my classmates were around us and worried about me. I held the baton in my right hand, and started walking to the goal with Ken's support.

There were no other runners, but just the two of us were on the course. I didn't know which class was the winner. My ankle hurt, but I tried my best to walk with Ken. Aya came near the goal with the other classmates. They were waiting for us and said, "Come on, Yuta!" I will take this baton to the goal for them — that was the only thing in my mind.

134

When we got to the goal, my classmates gathered around us. "I want to say I'm sorry to everyone in our class," I said to Ken. Aya said, "① You don't have to. You did your best, right?" The others agreed with her and smiled. My ankle still hurt, but I felt happy. To get the first prize was the most important thing, but do I still have the same idea? No, because now I know that there are many other important things.

*sports day 運動会   relay リレー競走   grade 学年   signal 合図   baton バトン   balance バランス   ankle 足首   wiped：wipe 拭く   (be) disqualified 失格になる   arm 腕   shoulder(s) 肩

(1) 本文中の　X　に最も適する英文を，次のア～エから一つ選び，記号で答えなさい。

　　ア　What do you want to be in the future?

　　イ　What is your favorite event in your school?

　　ウ　What do you like to talk about with friends?

　　エ　What is the most important thing to you?

(2) 次の英文を，本文の流れに合うように入れるとすれば，どこに入れるのが最も適切ですか。

　　（　A　）～（　D　）から一つ選び，記号で答えなさい。

The students that finished running came by the course and told her, "You can do it!"

(3) 下線部①について，亜弥 (Aya) さんが，しなくてよいと言ったのは，裕太さんが何をすることですか。本文に即して日本語で書きなさい。

(4) 本文に即して，次の問いに英語で答えなさい。

　　1　When is the sports day of Yuta's school every year?

　　2　Did Yuta know which class was the winner when he was walking to the goal with Ken?

(5) 次の英文ア～オは，それぞれ裕太さんのスピーチの内容の一部です。ア～オをスピーチの流れに合うように並べかえ，記号で答えなさい。

　　ア　The other students came near the goal to wait for us.

　　イ　I tried to start running, but fell down to the ground.

　　ウ　I was happy to see the smiles of my classmates at the goal.

　　エ　Ken told me to go with him and helped me to stand up.

　　オ　The first runners of the classes started on the signal.

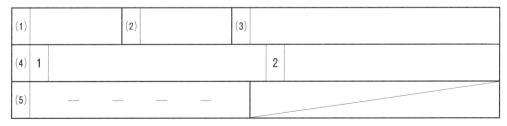

②

□ 編集協力　㈱プラウ21（益田春花）　伊藤祐美　坂東啓子

□ 本文デザイン　小川純（オガワデザイン）　南彩乃（細山田デザイン事務所）

シグマベスト
実力アップ問題集
中3英語

編　者　文英堂編集部

発行者　益井英郎

印刷所　中村印刷株式会社

発行所　株式会社文英堂

〒601-8121　京都市南区上鳥羽大物町28
〒162-0832　東京都新宿区岩戸町17
（代表）03-3269-4231

Σ BEST シグマベスト

実力アップ問題集

EXERCISE BOOK | ENGLISH

解答・解説

中3英語

文英堂

1 1・2年の復習(1)

p.6〜7 基礎問題の答え

1 (1) **are**　(2) **am**　(3) **is**
　　(4) **are**　(5) **is**　(6) **Are**

解説 (1)「あなたはうでのよい料理人です」
主語が you の場合，be 動詞は are を用いる。
(2)「私はカナダの出身です」
主語が I の場合，be 動詞は am を用いる。
(3)「彼の名前はジョン・スミスです」
主語 His name は3人称単数なので，be 動詞は is
を用いる。
(4)「トムと私はよい友だちです」
主語 Tom and I は複数なので，be 動詞は are を
用いる。
(5)「いすの下にかばんがあります」
There is[are] 〜構文の主語は **be 動詞のあとの
名詞**。ここでは a bag なので，be 動詞は is を用いる。
(6)「テーブルの上に漫画本がありますか」
主語 any comic books は複数なので，**be 動詞**は
are を用いる。

2 (1) **lives**　(2) **has**　(3) **plays**
　　(4) **teaches**

解説 (1)「私は東京に住んでいます。ケンもそこに住
んでいます」
主語 Ken は3人称単数なので live に -s をつける。
(2)「あなたは犬を飼っています。私のいとこも犬を
飼っています」
主語 My cousin は3人称単数なので **has** となる。
(3)「私は毎日テニスをします。ケンはよく私とテニ
スをします」
主語 Ken は3人称単数なので **play** に -s をつける。
(4)「サトウ先生は数学を教えていますか」「いいえ，
彼は英語を教えています」
主語 He は3人称単数。**teach** に -es をつける。

3 (1) **was**　(2) **was**　(3) **were**　(4) **Were**
　　(5) **watched**　(6) **went**

解説 (1)「私は昨日，学校を休みました」
yesterday という**過去を表す単語**があるので動詞
は過去形にする。主語が I なので be 動詞の過去形
は was になる。

(2)「昨日はよい天気でした」
yesterday という過去を表す単語があるので動詞
は過去形にする。主語が It なので be 動詞の過去
形は was になる。
(3)「そのとき，私の両親は大阪にいました」
then という過去を表す単語があるので動詞は過去
形にする。主語 My parents は複数なので be 動
詞の過去形は were になる。
(4)「先週，あなたは病気だったのですか」
last week という過去を表す語句があるので動詞は
過去形にする。主語が you なので be 動詞の過去
形は were になる。
(5)「ナンシーは昨夜姉[妹]とテレビを見ました」
last night という過去を表す語句があるので動詞
は過去形にする。
(6)「私はこの前の日曜日に浜辺に行きました」
last Sunday という過去を表す語句があるので動
詞は過去形にする。go の過去形は went。

4 (1) **swimming**　(2) **was cooking**

解説 (1)「彼女は湖で泳いでいます」
カッコの前に be 動詞があることに注目し，**進行形
〈be 動詞＋-ing〉**の文にする。
(2)「彼女が帰宅したとき，彼は夕食をつくっていま
した」
when she came home という過去を表す表現があ
るので，過去の文になる。ここでは過去進行形を選
ぶ。

5 (1) **going to**　(2) **will**　(3) **isn't going**
　　(4) **have**　(5) **able**

解説 (1)「私は今度の日曜日に祖母を訪ねるつもりです」
will は **be going to** で書きかえることができる。
(2)「彼ら[彼女たち]は放課後に野球をするつもり
です」
be going to は will で書きかえることができる。
(3)「明日は雨にはならないでしょう」
will not[won't] は **be not going to** で書きか
えることができる。＿＿が2つしかないので，is
not は isn't とする。
(4)「あなたは英語を一生懸命に勉強しなければなり
ません」
must は **have to** で書きかえることができる。
(5)「エミはとても速く走ることができます」
can は **be able to** で書きかえることができる。

6 (1) **older** (2) **highest**
 (3) **more beautiful** (4) **well**

解説 (1)「ジムはビルよりも年上に見えます」
カッコのあとの than に注目し，形容詞は比較級にする。
(2)「富士山は日本で最も高い山です」
カッコの前の the に注目し，形容詞は最上級にする。
(3)「このグラスはあのグラスよりもきれいです」
カッコのあとの than に注目し，形容詞は比較級にする。beautiful は３つの音節から成る単語なので，比較級は **more beautiful** になる。
(4)「私は母と同じくらい上手に料理ができます」
カッコの前後の as に注目し，副詞は原級にする。

---

p.8〜9 標準問題の答え

1 (1) **Are you** (2) **is** (3) **are there**
 (4) **did, went** (5) **Yes**

解説 (1)「あなたはジムの兄弟ですか」「はい，そうです」
"Yes, I am." が答えとなる疑問文なので，**Are you ～?** とする。
(2)「これはだれのかばんですか」「私のものです」
"It's mine." が答えとなる疑問文。疑問文の主語は this なので be 動詞は is。
(3)「この建物には何機のエレベーターがありますか」「１機です」
答えが There is ～. 構文なので，〈**How many＋複数名詞～?**〉と共に **There is ～** を用いて数をたずねる疑問文をつくる。elevators に合わせて be 動詞は are にする。
(4)「あなたのお兄さん [弟さん] はいつ横浜に行ったのですか」「彼はそこへ先週の土曜日に行きました」
last Saturday に注目し，過去の文にする。疑問文は When のあとに did を入れて「いつ～しましたか」とする。返答にある **there** は「そこへ」という意味で，ここでは to Yokohama のこと。there の前には go の過去形 went を入れる。
(5)「エミリーはバイオリンがとても上手ですか」「ええ，上手です」
Do[Does] ～? の疑問文には **Yes / No** で答えるのが一般的。ここは Yes, she does. とすれば「はい，そうです」という意味の返答になる。

---

2 (1) **doing** (2) **had** (3) **sitting**
 (4) **bigger** (5) **took**

解説 (1) 日本文の「～しています」と ＿＿ の前の is に注目し，現在進行形の文にする。「宿題をする」は **do one's homework**。
(2)「とても楽しい時間をすごす」は have a very good time で表すことができる。ここでは last night があるので have は had にする。
(3) 日本文の「～にすわっていました」と ＿＿ の前の was に注目し，過去進行形の文にする。
(4) 日本文の「A と B ではどちらのほうが～ですか」と，英文の Which, or に注目する。〈**Which ～ 比較級, A or B?**〉で「A と B ではどちらが～ですか」の意味。
(5)「写真をとる」は **take a picture**。ここでは過去の文なので took を用いる。

---

3 (1) **Shall, open** (2) **have to, more**
 (3) **will be** (4) **Which, better**
 (5) **most interesting[exciting]**

解説 (1)「～しましょうか」は **Shall I ～?** を使って表す。
(2)「～しなければならない」は must か have[has] to だが，ここでは ＿＿ の数から have to を選ぶ。「もっとゆっくり」は副詞 slowly の比較級で表す。〈形容詞＋-ly〉の形の副詞の比較級には **more** をつける。
(3) 未来の文なので will か be going to だが，ここでは ＿＿ の数から will を用いる。
(4)「A と B ではどちらが（より）～ですか」は〈**Which ～ 比較級, A or B?**〉で表す。「どちらが好きですか」は「どちらがより好みですか」と考え，like better とする。
(5) 日本文の「いちばん～」から，最上級を用いる。「おもしろい」を表す形容詞は **interesting**（興味を持たせてくれる）または **exciting**（わくわくさせてくれる）を用いればよい。

---

4 (1) **There are** (2) **easier than**
 (3) **not, large** (4) **have to**

解説 (1)「１年には12か月あります」
have[has]「ある，いる」は **There is[are] ～** 構文で書きかえることができる。書きかえた There is[are] ～ 構文の主語は複数名詞の twelve months なので，be 動詞は are にする。

(2)「あなたのスピーチは彼のよりも難しいです」→「彼のスピーチはあなたのよりも簡単です」

書きかえた文の主語が His speech になっているので，否定語を用いて「彼のスピーチはあなたのよりも難しくありません（**not more difficult than**）」とするか，**difficult** の反意語を用いて「彼のスピーチはあなたのよりも簡単です（**easier than**）」とする。ここでは____ の数から easier than を入れる。

(3)「中国は日本よりも大きいです」→「日本は中国ほど大きくはありません」

書きかえた文に as ～ as があることに注目。「**A は B よりも～だ（A is＋比較級＋than B）**」を「**B は A ほど～ではない（B is not as＋原級＋as A）**」と書きかえる。

(4)「私は10時前にそこに着かなくてはなりません」元の文の must を2語で書きかえる。must は have [has] to とほぼ同意。

5 (1) **What are you going to do next?**
(2) **I was watching TV when he visited my**
(3) **taller than any other boy in his class**
(4) **He has three times as many books as I have.**
(5) **What kind of flowers should I bring**

解説 (1) 日本文の「～するつもり」と並べかえる語句から，be going to の文にするとわかる。
(2)「彼が～したとき」は when ～，「私は～していました」は過去進行形を用いて表す。
(3) 日本文が「いちばん～」となっているのに対し，並べかえる語句に最上級はなく，代わりに比較級が与えられている。そこで「他のだれよりも～（＝いちばん～）」にすると考え，〈比較級＋than other＋単数名詞〉の文にする。
(4) 日本文の「～倍の…」から倍数表現をつくる。ここでは as が与えられているので，〈**X times as ... as ～**〉にする。〈...〉に many books を入れることに注意。
(5) 日本文の「どんな花を～」と並べかえる語句から，疑問詞 what の疑問文にする。「どんな花」は「どんな種類の花」と考え，What kind of flowers ～? とする。

p.12～13 基礎問題の答え

1 (1) この部屋で飲んだり食べたりしてはいけません。
(2) 公園へ行きましょう。
(3) （私を）手伝ってください。
(4) このホールで走ってはいけません。

解説 (1) Don't ～. は「～してはいけない」という禁止の命令。
(2) Let's ～. は「～しましょう」と相手を誘うときのいい方。
(3) Please ～. は「～してください」と少していねいに頼むときのいい方。
(4) must not ～ は「～してはいけない」の意味。

2 (1) **Be kind [nice]** (2) **Don't be**

解説 (1)「親切な」は kind または nice。形容詞なので，be 動詞が必要。命令文では動詞の原形を使うので，**Be** で始める。
(2)「～してはいけません」なので，否定の命令文にする。**noisy** という形容詞があるので，動詞は **be**。

3 (1) **Who** (2) **Which**
(3) **Whose** (4) **How**

解説 答えから，何を聞かれているのかを考える。
(1)「あの女の子はだれですか」「ケイトです」Kate と名前を答えているので，「だれ」とたずねたことがわかる。
(2)「あなたはどちらのケーキが好きですか」「これが好きです」one はここでは cake をさし，this one は「これ（＝このケーキ）」という意味。「どれ」とたずねたことがわかる。
(3)「この本はだれのものですか」「私のものです」mine は「私のもの」という意味なので，「だれのもの」とたずねたことがわかる。
(4)「あなたのお父さんは何歳ですか」「40歳です」forty は年齢なので，「何歳か」をたずねたと判断できる。

4 (1) **How** (2) **How much**
(3) **What, it** (4) **What, date**

解説 (1)「どうやって」と方法をたずねる疑問詞は **how**。
(2)「いくら」と値段をたずねる場合は **how much**。
(3)「何時」と時刻をたずねる場合は **what time**。時刻をいう場合の主語は **it**。
(4)「何月何日」と日付をたずねる場合には date を使って，**What is the date?** という。

⑤ (1) **are two libraries** (2) **lot, rain**
(3) **His, mine** (4) **It is an**

解説 (1)「この市には図書館が 1 つあります」→「この市には図書館が 2 つあります」library の複数形に注意する。
(2)「去年はたくさん雨が降りました」rain「雨が降る」を名詞で使うときは have rain で表し，「たくさんの雨」は **a lot of[much] rain** で表す。
(3)「彼は新しい車を持っていて，私は古い車を持っています」→「彼の車は新しく，私のものは古い」
(4)「それらはおもしろい本です」→「それは（1 冊の）おもしろい本です」they「それら」を単数にする。母音で始まる interesting の前は an。

⑥ (1) **How many boys were there in the park?**
(2) **Don't be late for class.**
(3) **It was a fine day yesterday.**

解説 (1)〈How many＋複数形の名詞〉で始める。そのあとに疑問文の語順を続ける。
(2)「遅れる」は **be late** なので，それに Don't をつけて否定の命令文にする。
(3) 天気などを表す It で始める。

p.14〜15 標準問題の答え

① (1) **Be** (2) **Don't** (3) **Which** (4) **they**
(5) **How** (6) **Me** (7) **let's**

解説 (1)「通りを歩いて渡るときには気をつけなさい」careful は形容詞なので，be 動詞が必要。
(2)「そんなに長くテレビを見てはいけません」watch は一般動詞なので，Don't を使う。
(3)「どちらの家があなたのですか」
(4)「あなたのお兄さん［弟さん］とジェーンは友だちですか」「はい，（彼らは）そうです」どちらも 3 人称なので 3 人称複数で答える。

(5)「彼ら［彼女たち］は何冊の本が必要でしたか」many books から数をたずねる疑問文と判断する。
(6)「トムは日本の食べ物が大好きです」「私もです」
(7)「映画に行きましょう」「そうしましょう」Let's 〜. と誘われたら Yes, let's. または No, let's not. （いいえ，やめましょう）で答える。

② (1) **Don't** (2) **is hers** (3) **Let's**
(4) **Please** (5) **Why, we**

解説 (1)「そんなことをいってはいけません」**must not** は「してはいけない」という意味。同じ意味を否定の命令文で表すことができる。
(2)「あれは彼女のすてきなドレスです」→「あのすてきなドレスは彼女のものです」所有代名詞 hers を使う。
(3)「レストランへ行きましょうか」Shall we 〜? は「〜しましょうか」と誘ういい方なので，**Let's 〜.** で表すことができる。
(4)「私のためにギターを弾いてください」Will you 〜? は「〜してくれますか」と依頼するいい方。同じ内容を，Please 〜. でも表すことができる。
(5)「あのカフェでお茶を飲みましょう」don't があるので，人を誘うときの Why don't we 〜? を使う。

③ (1) **What time do you have breakfast?**
(2) **Where does she read books?**
(3) **How long[How many hours] does she study every day?**

解説 (1)「私は 7 時に朝食を食べます」→「あなたは何時に朝食を食べますか」時間をたずねるのは **What time**。一般動詞の文なので do を使って疑問文をつくる。
(2)「彼女は図書館で本を読みます」→「彼女はどこで本を読みますか」in the library は場所なので，**Where** を使って疑問文をつくる。
(3)「彼女は毎日 2 時間勉強します」→「彼女は毎日どれだけの時間勉強しますか」for two hours は時間の長さなので，**How long[How many hours]** で疑問文をつくる。

④ (1) **Be kind to animals.**
(2) **There were not[weren't] any people [There were no people] in the hall.**
(3) **Don't be late for school.**

(4) **What time does Jiro leave home every morning?**

(5) **Some old women were walking along the river.**

解説 (1)「あなたは動物に親切です」→「動物に親切にしなさい」命令文なので，原形の **Be** で始める。

(2)「ホールには数人の人がいました」→「ホールには 1 人もいませんでした」some は否定文では **not any** ～ にかえる。または **no** ～ で表すこともできる。

(3)「あなたは学校に遅れています」→「学校に遅れてはいけません」are を原形の be にし，否定の Don't をつける。

(4)「ジロウは毎朝 7 時に家を出ます」→「ジロウは毎朝何時に家を出ますか」

(5)「1 人の老婦人が川沿いを歩いていました」→「数人の老婦人が川沿いを歩いていました」**woman** を複数形 **women** にかえる。

5 (1) あなたはどんな種類の音楽が好きですか。

(2) ユミ，どうか私の宿題を手伝ってください。

(3) 私たちに加わりませんか。

解説 (1) what kind of ～「どんな種類の～」

(2) help ～ with ...「～の…を手伝う」「～」に代名詞が入る場合は目的格に，「...」は〈所有格＋名詞〉になる。

(3) Why don't you ～? は「～しませんか」と相手に提案する言い方。

6 (1) **That hat[cap] is his, and this (one) is mine.**

(2) **He bought a lot of books yesterday.**

(3) **Don't be afraid of failure.**

解説 (1) 所有代名詞を使う。

(2)「たくさんの～」は〈a lot of＋複数形〉で表す。

(3)「～を恐れる」は be afraid of ～。

3 受け身

p.18～19 基礎問題の答え

1 (1) みんなに愛されています

(2) 私の父によって洗われます

(3) 私の母によってつくられました

(4) 招待されているのですか

解説 〈be 動詞＋過去分詞（＋by ～）〉で「（～によって）…される」という意味。

(1) is loved で「愛されている」。

(2) is washed で「洗われる」。

(3) was made で「つくられた」。

(4)〈Be 動詞＋主語＋過去分詞（＋by ～）?〉で「（～によって）…されるのですか」という意味の受け身の疑問文。

2 (1) **made** (2) **taken** (3) **was**
(4) **Were** (5) **sent**

解説 (1)「彼の昼食は彼の祖母によってつくられます」

カッコの前に is があるので made を選び，受け身の文にする。

(2)「この写真は10年前に撮影されました」

カッコの前に was があるので taken を選び，受け身の文にする。taking を選ぶと過去進行形の形になるが，主語 This picture と意味的につながらない上，目的語もないので不適切。

(3)「この部屋は約150年前に王様によって使われていました」

150 years ago があるので受け身の過去の文にする。主語が This room なので be 動詞は was。

(4)「その公園では多くの鳥が見られましたか」

複数名詞の many birds と seen があるので Were で始め，受け身の疑問文にする。

(5)「その手紙はいつ送られましたか」

was があるので sent を選び，受け身の文にする。sending を選ぶと過去進行形の文になるが，主語 the letter とつながらない。

3 (1) **aren't sold** (2) **Was, cooked**
(3) **Where was**

解説 受け身の否定文は〈be 動詞＋not＋過去分詞〉となる。受け身の疑問文は〈Be 動詞＋主語＋過去

分詞〜?〉で，疑問詞を用いる場合は先頭に疑問詞をおく。

(1)「その店では本が売られています」→「その店では本は売られていません」

____ の数に合わせて aren't sold とする。

(2)「夕食はメアリーによってつくられました」→「夕食はメアリーによってつくられたのですか」

受け身の疑問文は Be 動詞から始める。

(3)「このかばんはイタリアでつくられました」→「このかばんはどこでつくられたのですか」

場所をたずねるので Where で始め，そのあとを疑問文の語順にする。

[4] (1) **key was**　(2) **was written**
　　(3) **is taught**　(4) **was held**

【解説】受け身の文に書きかえる場合は，主語が単数か複数かと時制に注意する。

(1)「彼女が私のカギを見つけました」→「私のカギは彼女によって見つけられました」

時制は過去，主語は My key になるので was (found) とする。

(2)「ボブがこのエッセイを書きました」→「このエッセイはボブによって書かれました」

時制は過去，主語は This essay になるので was written とする。

(3)「グリーン先生は英語を教えています」→「英語はグリーン先生に教えられています」

時制は現在，主語は English になるので is taught とする。

(4)「私たちは昨日会議を開きました」→「会議は昨日私たちによって開かれました」

時制は過去で，主語は The meeting になるので was held となる。**hold**「開催する」は hold-held-held と変化する。

[5] (1) **Yes, was**　(2) **No, weren't**　(3) **is**

【解説】(1)「この機械は50年前に使用されていたのですか」「はい，そうです。今でも動きますよ」

It still works. と続いていることから，50年前に使用されていた機械だと考えられるので Yes で答える。

(2)「これらの切手はあなたのお父さんによって収集されたのですか」「いいえ，ちがいます。私の兄[弟]が集めました」

My brother collected them. と続いていることから，答えは No になると考えられる。

(3)「ここでは何語が話されていますか」「フランス語です」

答えの文は「フランス語が話されています」の意味で，spoken が省略されている。

[6] (1) **in**　(2) **of**　(3) **at[by]**　(4) **to**

【解説】(1)「あなたはサッカーに興味がありますか」

be interested in ~「~に興味がある」

(2)「このヘルメットは鉄でできています」

be made of ~「~でできている」

(3)「彼女はその知らせに驚いていました」

be surprised at ~「~に驚いている」

(4)「その医師は多くの人々に知られています」

be known to ~「~に知られている」

[1] (1) **spoken**　(2) **invented**　(3) **written**
　　(4) **broke**　(5) **taken**　(6) **brought**
　　(7) **found**　(8) **is**

【解説】動詞の形をかえる問題では前に be 動詞があるかないかを確認し，be 動詞があれば進行形と受け身の両方の可能性を考える。

(1)「カナダで話されている2つの言語は何ですか」

two languages が主語なので「話されている」という受け身になる。

(2)「電話はいつ発明されましたか」

the telephone が主語なので「発明された」という受け身になる。

(3)「これらの本は1945年より前に書かれました」

These books が主語なので「書かれた」という受け身になる。

(4)「彼は石を投げて窓を割りました」

He が主語になるので「~を割る」というふつうの文になる。**break** の過去形は **broke**。

(5)「私の祖母は昨晩，病院に連れて行かれました」

My grandmother が主語，____ のあとには to the hospital とあるので，「(~へ)連れて行かれた」という受け身になる。ここでの take は「連れて行く」の意味。

(6)「私のいとこはパリで育ちました」

bring up ~ で「~を育てる」という意味。ここでは「~」にあたる語句が ____ のあとにないので，「~」が主語になった受け身の文だと考える。

(7)「多くの種類の野生動物がこの公園では見つけられます」

7

Many kinds of wild animals「多くの種類の野生動物」が主語。＿＿のあとに目的語はないので「見つけられる」という受け身になる。

(8)「今ならその店ですべてのものが100円で売られています」

now と sold に注目して現在時制の受け身の文をつくる。**Everything が主語なので be 動詞は is と**する。

2 (1) **were stolen** (2) **was sent**
(3) **use many machines**
(4) **were played** (5) **be done**
(6) **wasn't read** (7) **Did, make**

解説 ふつうの文⇄受け身の書きかえでは，時制と主語の数に注意。また，you や people，they など不特定の一般の人の動作を表す場合，受け身の文では **by you[people / them]** などが省略されることにも注意。

(1)「その少年たちは先月，20台以上の自転車を盗みました」→「20台以上の自転車がその少年たちによって先月盗まれました」
過去時制の受け身の文にする。stole は過去形で，原形が **steal**，過去分詞は **stolen**。

(2)「私の父はすてきなうで時計を母に贈りました」→「すてきな時計が父によって母に贈られました」
過去時制の受け身の文にする。**send A B＝send B to A**「A（人）に B（物）を贈る」で，その受け身は **A is sent B by ...** または **B is sent to A by ...** になる。

(3)「この工場では多くの機械が使われています」→「この工場では多くの機械を使っています」
現在時制のふつうの文にする。主語 They は machines ではなく「会社の人々」をさす。

(4)「そのミュージシャンはたくさんの昔の曲を演奏しました」→「たくさんの昔の曲がそのミュージシャンによって演奏されました」
過去時制の受け身の文にする。複数名詞が主語になるので be 動詞は were。

(5)「あなたは夕食前に宿題をしなければなりません」→「あなたの宿題は夕食前にされなければなりません」
助動詞を用いた受け身の文にする。助動詞のあとなので be 動詞は原形 be。

(6)「私は今朝新聞を読みませんでした」→「新聞は今朝私に読まれませんでした」

過去の否定文なので〈be 動詞の過去形＋not＋過去分詞〉の形にする。空所の数から短縮形を使う。

(7)「このケーキはあなたのお母さんによってつくられたのですか」→「あなたのお母さんがこのケーキをつくったのですか」
書きかえる文の主語が your mother なのでふつうの文にする。Did で始め，動詞は原形 make。

3 (1) **castle was built**
(2) **is interested in**
(3) **were damaged by the earthquake**

解説 (1)「その城は建てられました」から The castle を主語にした受け身の過去の文にする。
(2)「～に興味がある」は **be interested in ～** を用いる。in の代わりに by は使えない。
(3)「被害を受けた」は主語の Many houses から damage を用いた受け身の過去の文にする。

4 (1) **this smartphone made in Japan**
(2) **is played by many**
(3) **houses can be seen from that**
(4) **is known as a good tennis player**
(5) **we were so excited**
(6) **He was pleased with my present.**

解説 (1) A「すみません。このスマートフォンは日本製ですか」B「はい，そうです。若い人にとても人気があるんですよ」
Is が与えられているので，made は過去分詞と考え，主語を this smartphone にした受け身の文にする。
(2) A「サッカーは世界中で人気があります」B「そのとおりですね。サッカーは世界中で多くの人々にプレーされていますね」
played, is, by からカッコの前の Soccer を主語にした受け身の文にする。plays が不要。
(3) A「あの場所から何軒の家が見えますか」B「約20軒です」
How many に続くのは複数名詞 houses しかない。seen, be, can から助動詞のある受け身の文だと考えて How many houses can be seen とし，from と that を空所のあとの place につなげると文が完成する。saw と is が不要。
(4) A「あの少年を知っていますか」B「ええ。彼はダニエル・ジョーンズです。彼はテニスの上手な選手として知られています」
be known as ～ で「～として知られている」。

(5) A「昨夜サッカーの試合を見た？」B「うん。友だちと見たんだけど，とても興奮したよ」
excited は excite「～を興奮させる」の過去分詞で，主語を人にして受け身にして使われる。「興奮した」という意味の形容詞だと考えてもよい。
(6) A「彼の誕生日のために何か買った？」B「うん，昨日ぼうしを買ったよ。彼は私のプレゼントを喜んでいたよ」
pleased は please「～を喜ばせる」の過去分詞で，人を主語にして受け身で使われる。「喜んで」という意味の形容詞だと考えてもよい。「～に喜んでいる」を表すときは with を使って be pleased with ～ とする。

p.22〜25 実力アップ問題の答え

1 (1) **is** (2) **were** (3) **better** (4) **are**
　(5) **was taught** (6) **liked** (7) **are**
　(8) **ask**

2 (1) **can[may] use** (2) **Don't be**
　(3) **Where, go** (4) **How, By**

3 (1) 彼女は中国の歴史に興味があります。
　(2) あなたはおなかがいっぱいですか。あなたはそれらを全部食べる必要はありません。
　(3) トム，4時に私の家に来てください。

4 (1) **swims** (2) **much** (3) **was**

5 (1) **He is studying in his room now.**
　(2) **She can swim faster than my sister.**
　(3) **How is the weather going to be this afternoon?**

6 (1) ① **taught** ② **drinking**
　　③ **talking** ④ **watching**
　(2) (A) **was** (B) **looked** (C) **could**

7 (1) **time did you get**
　(2) **think baseball is as**

8 (1) **winter** (2) **lost**

9 (1) 例 **What time will it start[begin] / What time will it be hold?**
　(2) 例 **Shall I give you a hand?[Do you need my help?]**

解説 1 (1)「ケンは宿題がたくさんあるので，忙しいです」主語 Ken と because 以下の時制に注目し，is を選ぶ。
(2)「この前の夏，この町にはたくさんの旅行者がいました」主語 many tourists と last summer に注目し，were を選ぶ。
(3)「ユミは私よりピアノを上手に弾けます」「上手に」の well の比較級 better を選ぶ。
(4)「メアリーと彼女の友だちは明日，テニスをするつもりです」
be going to を用いた未来の文。主語 Mary and her friend と tomorrow に注目し，are を選ぶ。
(5) A「あなたはあの男性を知っていますか」B「はい。私は若いころ彼に英語を教わりました」when 以下の時制と by him から過去の受け身の文とわかる。〈was＋過去分詞〉を選ぶ。
(6) A「スズキ先生は好きですか」B「はい。彼女は私たちに好かれています」is と by us から受け身の文と判断する。be 動詞のあとは過去分詞。
(7) A「あの少年たちはだれですか」B「ケンの兄弟ですよ，たぶんね」
主語 those boys に注目し，are を選ぶ。
(8) A「名前をたずねてもよろしいですか」B「ジョン・ロビンソンです。オーストラリアの出身です」
B はまず名前を答えているので，ask を選ぶ。
2 (1)「～してもよい」と相手に許可を与えるときは can または may を用いる。
(2)「～してはいけない」は〈Don't＋動詞の原形〉で表す。
(3) 場所をたずねる疑問文なので Where で始める。動詞は原形の go。
(4) 手段をたずねる疑問文なので How で始める。その応答には手段を表す前置詞 by を用いる。
3 (1) be interested in ～ は「～に興味がある」という意味。
(2) full は「おなかがいっぱいで」，don't have to ～ は「～する必要はない」という意味。
(3) please の前の Tom は呼びかけの語。
4 (1)「彼は泳ぎが上手な人です」→「彼は上手に泳ぎます」
swimmer の元になっている動詞 swim を用いて書きかえる。
(2)「この冬はたくさん雪が降るでしょう」名詞の snow は数えられないので，「たくさん」は much を用いる。

9

(3)「私は彼に東京からはがきを送りました」→「はがきは私によって東京から彼へ送られました」
受け身の文〈主語＋be 動詞＋過去分詞〉で書きかえられる。

⑤ (1) 日本文の「今，勉強しています」から現在進行形の文をつくる。

(2) 日本文の「〜よりも速く」から比較級の文をつくる。「泳ぐ」は swim。「〜よりも速く」は faster than 〜。

(3)「〜でしょうか」は未来の疑問文。ここでは going が与えられているので will ではなく be going to を用いる。様子をたずねる疑問詞 how で始めて疑問文の語順を続ける。

⑥ (1) ① Last month に注目する。

② カッコの前の were に注目する。

③ enjoy -ing で「〜して楽しむ」という意味。

④ カッコの前の or に注目し，working, studying と形を合わせる。

(2) (A)(B) カッコのあとに形容詞が来ている。

(C) 文脈を考えると，「〜することができた」という意味になるはず。

全訳 先月，私の父は私にあるおもしろいことを教えてくれました。

ある晩，彼は「8 時から 10 時まで明かりをつけずに静かな 2 時間をすごすというのはどうだろう？テレビも見ないんだ」といいました。

私は「私はむりよ」といいました。「8 時から 10 時にテレビを見たいの」

「テレビを見すぎるのはよくないよ」と彼はいいました。「テレビのない時間がいくらか私たちには必要なんだ。そして明かりとしてろうそくを使うんだよ」

8 時になると，私の父は明かりを消し，いくつかのろうそくを使いました。そして彼は「さて，この状況をどう思う？」といいました。

私は見回しました。部屋はとても静かでした。私の母と兄はお茶を飲んでいました。彼らはおだやかな声で話を楽しんでいました。彼らはうれしそうでした。

私は「奇妙（きみょう）だね。すべてがちがって見えるけど，すてきね」と答えました。

私の父は笑って「私もそう思うよ。このような夜につけられた名前を知っているかい？　キャンドル・ナイトというんだよ」といいました。

私たちの家族は「キャンドル・ナイト」のおかげ

で静かな 2 時間をいっしょにすごすことができました。

現在，私たちは忙しくていつも何かをしています。例えば，一日中，私たちは働いて，勉強をして，テレビを見ています。しかし，ときには休もうとするべきです。だから私たちの忙しい生活にはいくらかの静かな時間をすごすことが重要なのです。

⑦ (1) A「今朝は何時に起きましたか」B「6 時です」
語群の time や get，カッコのあとの up から起きる時間をたずねていると推測できる。What time 〜? の疑問文にする。was が不要。

(2) A「野球とバスケットボールではどちらのほうが好きですか」B「うわあ，それはぼくには難しい質問だな。野球はバスケットボールと同じくらいおもしろいと思うよ」
A の発言が野球とバスケットボールを比べる質問であること，B の発言のカッコのあとに as があることに注目する。語群にも as があることから〈as＋原級＋as〉の文をつくる。has が不要。

⑧ (1) A「日本でいちばん寒い季節は何ですか」B「冬です」

(2) A「どうしたの？　悲しそうね」B「さいふをなくしたので何も買えないんだ」

⑨ (1) A「ジェイソン，今度の金曜日に私の家のパーティーに来たいかしら？」B「何時に始まるの？」A「7 時ごろよ」B「わかった，行くよ」
前後の文脈から空所には「何時に始まるの？」という意味の発言が入るはず。

(2) A「忙しそうね」B「そうなんだ。この仕事を今日中に終えないといけないんだ」A「手伝おうか」B「いいよ。自分でできるさ」
前後の文脈から空所には「手伝おうか」という意味の発言が入るはず。Do you want me to help you? といった答えも可能。

4 現在完了(1)─完了・結果

p.28～29 **基礎問題の答え**

1 (1) **sent**　(2) **arrived**　(3) **written**

解説 just は「ちょうど」，already は「すでに」という意味。
(1) send の過去分詞 sent を入れ，完了を表す現在完了の文にする。
(2) arrived を入れ，完了を表す現在完了にする。
(3) write の過去分詞 written を入れ，完了を表す現在完了にする。

2 (1) **not, yet**　(2) **Have, yet**

解説 (1)「まだ～していない」は〈have[has]＋not＋過去分詞～ yet〉で表す。
(2)「もう～しましたか」は〈Have[Has]＋主語＋過去分詞～ yet?〉で表す。

3 (1) **The meeting has just started.**
　　(2) **Has he called you yet?**
　　(3) **I have already bought the train ticket.**

解説 (1)「ミーティングはちょうど始まったところです」
just は have[has] と過去分詞の間におく。
(2)「彼はもうあなたに電話してきましたか」
疑問文で「もう」の意味になる yet は文末におく。
(3)「私はすでにその電車の切符を買いました」
肯定文で「すでに」の意味になる already は have[has] と過去分詞の間におく。

4 (1) **イ**　(2) **ア**

解説 (1)「彼は日本に行ってしまいました」
has gone to は「～へ行ってしまった（＝今ここにはいない）」という意味。ア「彼は日本に行き，戻ってきました」イ「彼は日本に行き，今はここにいません」　ウ「彼は日本に行って，今はここにいます」
(2)「私はかぜをひいてしまいました」
have caught a cold は「かぜをひいてしまった（＝まだ治っていない）」という意味。ア「私はかぜをひき，そしてまだひいている」イ「私はかぜをひき，よくなった」　ウ「私はかぜをひき，それが悪化した」

5 (1) **has already left the station**
　　(2) **Have you seen the movie yet?**
　　(3) **The shop has not opened yet.**

解説 (1) already と has, left に着目し，完了を表す現在完了の文をつくる。
(2) yet と have, seen に着目し，完了を表す現在完了の疑問文をつくる。
(3) has と yet, not, opened に着目し，完了を表す現在完了の否定文をつくる。

6 (1) ちょうど英語を学び始めたところです
　　(2) まだその夢をあきらめていません

解説 (1)〈has just＋過去分詞〉の現在完了なので，「ちょうど～したところだ」と訳す。
(2)〈hasn't＋過去分詞～ yet〉の現在完了なので，「まだ～していない」と訳す。

p.30～31 **標準問題の答え**

1 (1) **written**　(2) **haven't**　(3) **Not yet**

解説 (1) A「あなたはもうメグに手紙を書きましたか」B「いいえ。ずっととても忙しいのです」
Have で始まる文なので過去分詞を選び，現在完了にする。
(2) A「あなたは朝食を食べ終わりましたか」B「いいえ，食べ終わっていません。すぐに食べ終わります」
Have で始まる疑問文に No で答えているので haven't を選ぶ。
(3) A「スズキさんはもう到着しましたか。バスはすぐに出発しますよ」B「まだです」
Has ～ yet? の疑問文には Not yet.「まだです」と答えることができる。

2 (1) **done, yet**　(2) **already had**

解説 (1) A「彼女はもう宿題をしましたか」B「いいえ。彼女はまだそれをやっているところです」
B が「まだやっているところ」と答えているので，A は「もう～しましたか」とたずねたと考えられる。
(2) A「いっしょに昼食を食べましょう」B「ごめんね。すでに昼食を食べてしまったんだ」
B は Sorry といって誘いを断っているので，すでに昼食を食べてしまったのだと考えられる。

11

3 (1) **I haven't taken a bath yet.**
(2) **Has his father left for his office yet?**

解説 (1)「私はすでにおふろに入りました」→「私はまだおふろに入っていません」
否定文の「まだ」は **yet** を文末に置いて表す。
(2)「彼のお父さんはすでに彼の職場へ向かいました」→「彼のお父さんはもう彼の職場へ向かいましたか」
疑問文の「もう」は **yet** を文末に置いて表す。

4 (1) **gone** (2) **has lost**

解説 (1)「私の父は京都に行き,今はまだそこにいます」→「私の父は京都に行ってしまいました」
まだ京都にいるのだから,「行ってしまったままである」と考えて **(has) gone (to)** とする。
(2)「彼は部屋のカギをなくし,今はそれを持っていません」→「彼は部屋のカギをなくしてしまいました」
今はカギを持っていないのだから,「なくしたままだ」と考えて **has lost (his room key)** とする。

5 (1) **hasn't, yet** (2) **already sent**
(3) **hasn't, yet** (4) **Have, heard**

解説 (1)「まだ～していない」から 〈have[has] not＋過去分詞～ yet〉を用いる。
(2)「すでに～した」から 〈have[has]＋already＋過去分詞〉を使う。
(3)「まだ～していない」から 〈have[has] not＋過去分詞～ yet〉を用いる。
(4)「もう～しましたか」から 〈Have[Has]＋主語＋過去分詞～ yet?〉を用いる。

6 (1) **He has already gone to school.**
(2) **I haven't told her about the news yet.**
(3) **Have you found the answer to the problem yet?**
(4) **I have just joined a local baseball team.**
(5) **My mother has started working at the flower shop.**

解説 (1)「もう行ってしまった」から **have[has] gone to** の文をつくる。

(2)「まだ～していない」から 〈have[has]＋not＋過去分詞～ yet〉の文をつくる。tell ～ about ... で「…について～に伝える」。
(3)「もう～しましたか」から 〈Have[Has]＋主語＋過去分詞～ yet?〉の文をつくる。「その問題の答え」は the answer to the problem となる。
(4)「～したばかりだ」から 〈have[has]＋just＋過去分詞〉の文をつくる。local は「地域の,地元の」という意味。
(5)「働きはじめた」と working, started, has から完了の現在完了の文をつくる。「その花屋さんで」は at the flower shop とする。

5 現在完了(2)─経験

p.34～35 基礎問題の答え

1 (1) **イ** (2) **ア** (3) **ウ**

解説 (1) 〈have[has]＋過去分詞＋～ times〉で「～回…したことがある」という意味の経験を表す現在完了。
(2) 〈have[has] never＋過去分詞〉で「…したことが1度もない」という意味の経験を表す現在完了。ここではその疑問文。
(3) 〈Have[Has]＋主語＋ever＋過去分詞?〉で「今まで…したことがありますか」という意味の経験をたずねる現在完了の疑問文。

2 (1) **twice** (2) **ever** (3) **before**
(4) **never**

解説 (1) ＿＿は「2回」にあたる部分なので twice を入れる。two times も可だが,twice のほうが一般的である。
(2) ＿＿は「今まで」にあたる部分なので ever を入れる。
(3) ＿＿は「以前(に)」にあたる部分なので before を入れる。
(4) ＿＿は「(…したことが)ない」にあたる部分なので never を入れる。

3 (1) **touched** (2) **lent** (3) **made**
(4) **written** (5) **lost** (6) **seen**

解説 (1)「あなたは今までにゾウに触ったことがありますか」

touch は規則変化する動詞。**-ed** をつける。

(2)「彼は1度も私に辞書を貸してくれたことがありません」

lend は不規則変化する動詞。**lend-lent-lent** となる。

(3)「あなたは今まであなたのお母さんを怒(おこ)らせたことがありますか」

make は不規則変化動詞で **make-made-made** となる。

(4)「ベスは私に1度も手紙を書いたことがありません」

write の変化は **write-wrote-written**。

(5)「ビルは同じ時計を2回なくしたことがあります」

lose の変化は **lose-lost-lost**。

(6)「私は以前にジョンのおじいさんを見かけたことがあります」

see の変化は **see-saw-seen**。

---

4 (1) **times** (2) **been**

解説 (1)「私の母と彼女の友だちは何回もその博物館に行ったことがあります」

have[has] often been to ～「～へひんぱんに行ったことがある」は **have[has] been to ～ many times**「～へ何回も行ったことがある」で書きかえられる。

(2)「私は何度かその有名なお城に行ったことがあります」

have visited「訪れたことがある」は **have been to** で書きかえられる。have gone to とは書きかえられないので注意。

---

5 (1) **Yes, has** (2) **Twice**
(3) **No[Never]**

解説 (1) A「あなたの先生は今までに海外へ行ったことがありますか」B「ええ,あります。彼は若いときにアメリカに住んでいました」

B は「彼はアメリカに住んでいた」と答えているので,答えは Yes になるはず。

(2) A「あなたは何回東京を訪れたことがありますか」B「2回です。2017年に家族と,2019年に友人とそこへ行きました」

A は回数をたずねている。B は＿＿＿のあとで「2017年と2019年に行った」と答えているので,「2回」行ったことになる。**How many times ～?** を用い

た現在完了の疑問文は「何回～したことがありますか」という意味になる。

(3) A「1度もペンギンを見たことがないのですか」B「ありません。でも見たいとも思いませんが」

B は ＿＿＿ のあとで「見たいとも思いません」と答えているので,見たことはないはず。**No** か **Never** を入れる。

---

p.36～37 標準問題の答え

1 (1) ウ (2) ウ (3) ウ

解説 (1)「行ったことがあります」から経験を表す現在完了のウを選ぶ。ア「私の父は韓国(かんこく)へ行きました」 イ「私の父は韓国へ行ってしまいました」

(2)「遅刻したことがありません」から経験を表す現在完了のウを選ぶ。ア「彼らは学校に遅刻しませんでした」イ「彼らは長い間学校に遅刻していません」

(3)「子どものころ」という過去の一時点を表す表現があるので,時制は過去。ア「私は子どもなので何度もそこに行ったことがあります」 イ「私は子どものころからここにいます」

---

2 (1) **Has your brother ever met my sister?**
(2) **I have heard about the news before.**
(3) **How many times have you seen that movie?**
(4) **Bill has never visited Japan**

解説 (1)「今までに～したことがありますか」と語群の ever から〈**Have[has]＋主語＋ever＋過去分詞～?**〉の文をつくる。

(2)「以前に～したことがあります」と語群の before から〈**have[has]＋過去分詞～ before**〉の文をつくる。

(3)「何回～したことがありますか」と語群の times から〈**How many times＋have[has]＋主語＋過去分詞～?**〉の文をつくる。

(4)「～したことがない」と語群の never から〈**have[has] never＋過去分詞**〉の文をつくる。

---

3 (1) ウ (2) ウ

解説 (1) ア「私ははじめてニューヨークを訪れました」 イ「それが私のはじめてのニューヨーク訪問でした」 ウ「私は一度もニューヨークを訪れたことがありません」

ウだけ経験がないことになっている。

(2) **ア**「私は以前にその英語のテストを受けたこと
があります」 **イ**「私には以前にその英語のテスト
を受けた経験があります」 **ウ**「私は何年も前にそ
の英語のテストを受けました」

ウでは **many years ago**「何年も前」という時期
に言及しているが，**ア，イ**は言及していない。

---

4 (1) **ア** (2) **イ**

解説 (1) A「先週『風と共に去りぬ』を読みました」
B「私もそれを読んだことがあります。とてもおも
しろいですよね」

B は It's very interesting. といっているので，そ
の本を読んだことがあるはず。

(2) A「昨夜駅の近くの新しいイタリア料理店に行っ
たんだ」B「いいわね。私は行ったことないわ」
A「お母さんに連れて行ってくれるようお願いする
べきだよ」

A は最後でBにレストランに行くようにすすめて
いる。つまりBはレストランに行ったことがない
と考えられる。

---

5 (1) **never been** (2) **never seen**
(3) **never listened**

解説 「はじめての経験」は「以前に経験がない」とい
うこと。この書きかえは入試で頻出。
(1)「これがビルのはじめての東京旅行です」→「ビ
ルは以前に東京に行ったことがありません」
東京に来るのはこれがはじめてなのだから，以前に
経験がないことになる。
(2)「私はその有名な絵画を見る機会を得たことがあ
りません」→「私はその有名な絵画を見たことがあ
りません」
「見る機会がなかった」は「見たことがない」と考え，
経験を表す現在完了の否定文にする。
(3)「このような音楽を聞くのはこれがはじめてで
す」→「私はこれまでこのような音楽を1度も聞い
たことがありません」
「はじめて聞いた」→「1度も聞いたことがない」と
考える。

---

6 現在完了(3)─継続・現在完了進行形

p.40～41 **基礎問題の答え**

1 (1) **been** (2) **left**
(3) **stayed** (4) **taught** (5) **had**

解説 (1)「私は2年間ギターのレッスンを受けています」
have のあとに動詞を続けるには，動詞を過去分詞
にして時制を現在完了にする。be の過去分詞は
been。
(2)「ボブは昨日，日本を去りました」
「ボブが日本を去った」のは yesterday「昨日」とい
う過去の特定の時点の出来事。したがって，動詞は
過去形にする。
(3)「ケイトは先週から東京に滞在しています」
カッコの前に has があり，さらに since last week
「先週から」という起点を表す表現があるので，動
詞を過去分詞にし，現在完了の文をつくる。
(4)「サトウ先生は10年間，英語を教えています」
カッコの前に has があり，さらに for ten years
「10年間」という期間を表す表現があるので，動詞
を過去分詞にし，現在完了の文をつくる。
(5)「カナは今朝，朝食を食べました」
「カナが朝食を食べた」のは this morning「今
朝」という過去の特定の時点の出来事。したがって，
動詞は過去形にする。

---

2 (1) **since** (2) **for** (3) **for** (4) **since**

解説 since のあとには過去の一時点を示す語（句）
が来る。for のあとには期間を表す語句が来る。
(1)「ジュディーは去年の夏から日本語の練習をして
います」
＿＿のあとの last summer は「去年の夏」という
過去の特定の時点を表しているので，起点を表す
since を選ぶ。
(2)「彼ら[彼女たち]はここに5年間ずっと住んで
います」
five years は期間を表すので for が入る。
(3)「私は3日間ずっと病気です」
＿＿のあとの three days は期間を表すので for
が入る。
(4)「私は去年からずっとこの車がほしかったのです」
＿＿のあとの last year は過去の一時点を表すの
で since が入る。

3 (1) **Do, do** (2) **Has, has**
(3) **Have, haven't** (4) **hasn't**

解説 (1)「あなたはおばさんを訪ねますか」「はい,訪ねます」
原形の visit があるので Do ～? の文。
(2)「トムは2010年からそこに住んでいるのですか」「はい,そうです」
lived と **since** から考えて現在完了の文。主語は Tom なので Has ～? とする。
(3)「あなたたちは1週間パリにいるのですか」「いいえ,ちがいます。3日間だけです」
stayed と **for** から考えて現在完了の文。主語は you なので Have ～? とする。否定の答えなので haven't で答える。
(4)「ニューヨークは晴れていますか」「いいえ。今週はずっと晴れていませんでした」
あとに be 動詞の過去分詞 been があるので現在完了の文。主語は It なので hasn't を選ぶ。

4 (1) 先週から（ずっと）忙しいです
(2) ここに来てから（ずっと）プールで泳いでいます

解説 現在完了〈have[has] + 過去分詞〉で「（ずっと）～だ」という継続の意味を表す。
(1) since last week「先週からずっと」の意味。
(2) have been ～ ing で「動作の継続」を表し,「ずっと～している」という意味になる。since は前置詞の他,接続詞としても使われて〈主語＋動詞〉が続くことがある。

5 (1) **have known** (2) **loved, for**
(3) **been, since** (4) **long have**
(5) **been using**

解説 (1)「1年間ユキをずっと知っています」ということなので,現在完了の文。know の過去分詞は known。
(2) **for a long time** で「長い間」。
(3) **since ～**「～から」
(4)「どのくらいの間」と期間をたずねるには How long ～? を使う。
(5)「2時間ずっと使っています」から,現在完了進行形の文にする。

6 (1) イ (2) イ

解説 (1)「何年もの間（ずっと）」と継続の意味を表すのはイの現在完了の文。アは「彼は何年間も日本にいたのですか」の意味で,イが現在も日本にいるのに対し,アは現在いるかどうかは不明ということになる。
(2)「いつから働いているか」は「どのくらいの間働いているか」という意味なので,How long で始まる現在完了のイが適切。アは「いつその店で働いたのですか」という過去の文。

p.42～43 標準問題の答え

1 (1) エ (2) ウ (3) ア (4) エ (5) イ (6) ウ

解説 (1)「ナンシーはこの前の日曜日から病気です」
since last Sunday「この前の日曜日から」があるので,現在完了を選ぶ。
(2)「あなたのお父さんは（ずっと）ニューヨークにいますか」
Has で文が始まっていることから過去分詞を選び,現在完了にする。
(3)「あなたはどれくらいの間千葉に住んでいますか」
How long ～? は期間,How much ～? は金額,How far ～? は距離,How often ～? は頻度をたずねる表現。live「住む」という動詞と共に用いて意味が通るのは How long ～? である。
(4)「私は2019年から英語を勉強しています」
since 2019があるので現在完了の文。
(5)「昨日はヒロコの誕生日でした」
yesterday の前に since がないので,単なる過去の文である。
(6)「リード先生は2年間日本で英語の先生をしています」
現在完了の文。two years は期間を表すので for を選ぶ。

2 (1) **have used, for**
(2) **Has, been practicing**
(3) **been tired**
(4) **has studied, for**
(5) **haven't met[seen], since**
(6) **have wanted, for**

解説 (1)「～を使う」は use。「5年以上」は for more than five years とする。

(2)「～からずっと…しているのですか」は，現在完了進行形の疑問文で表す。主語は she なので Has で始め，「～している」には been ～ing を使う。

(3)「ずっと疲れがとれない」は「ずっと疲れた状態のままである」と考え，tired「疲れた」を使った現在完了の文をつくる。

(4)「10年前から」は「10年間」と考える。

(5)「ずっと会っていない」は現在完了の否定形〈have not＋過去分詞〉で表すことができる。空所の数が2つなので haven't と短縮形にする。

(6)「求めていた」は「ほしいと思っていた」の意味なので want を使う。

3 (1) **I have been very busy today.**
(2) **years have you lived in**

解説 (1) A「宿題は終わったの？」B「まだ。今日はずっととても忙しかったんだ」

have と been があるので現在完了の文にする。質問は〈完了〉の意味を表す現在完了。

(2) A「あなたはこの街に何年住んでいますか」B「20年くらいです」

How many ではじまっているので，名詞 years を続け，「何年～していますか」という現在完了の疑問文にする。

4 (1) **have been** (2) **have passed**
(3) **been sleeping for**
(4) **haven't been**
(5) **taught, for ten years**

解説 (1)「ぼくは彼と10年前に友だちになりました。ぼくたちは今もよい友達です」→「ぼくたちは10年間ずっとよい友達です」

継続を表す現在完了の文にする。

(2)「トムはナンシーに10年間会っていません」→「トムが最後にナンシーに会ってから10年が過ぎました」

Ten years が主語なので，動詞 pass を使った現在完了の文にする。

(3)「私の兄［弟］は10時間前に寝て，まだ眠っています」→「私の兄［弟］は10時間ずっと眠っています」

継続を表す現在完了進行形の文にする。

(4)「私たちが最後にイギリスに行ってから8年です」→「私たちは8年間イギリスに行っていません」

「8年間行っていない」と考え，現在完了の文にする。

(5)「クエンさんは中国語の先生です。彼女は10年前に中国語を教え始めました」→「クエンさんは10年間中国語を教えています」

「10年間教えている」という現在完了の文にする。

5 (1) **haven't** (2) **heard**
(3) **how long have**

解説 (1) ロン「こんにちは，ジムおじさん。ぼく，ロンです」ロンのおじ「やあ，こんにちは，ロン。長い間会わなかったね。元気かい？」

空所のあとは **seen** なので現在完了と考えられる。

(2) A「はじめまして。ウィルソンさん」B「こちらこそはじめまして。あなたのことはあなたのお父さんからいろいろ聞いています」

はじめて会ったときの会話だが，from your father とあるので，「お父さんから聞いている」という意味だと推測できる。hear の過去分詞は **heard**。

(3) A「グリーン先生，日本でどのくらい教えているのですか」B「そうですね，2015年に日本に来て，その2年後に教え始めました」

Bの応答は時について答えている。＿＿のあとに過去分詞 **taught** があるので，現在完了の文と考えられる。how long have you taught ... と期間をたずねる文にする。Bは過去の文で答えているが，2015年に来日して2年後の2017年に教えはじめていることがわかる。

※本冊 p.44～45の不規則動詞の変化表の解答は p.55～56にあります。

p.46～49 **実力アップ問題の答え**

1 (1) **seen** (2) **has been** (3) **haven't**
(4) **long** (5) **since**
(6) **been playing**

2 (1) **met** (2) **has been**
(3) **has wanted** (4) **has gone to**
(5) **hasn't[has never] been to** (6) **was**

3 (1) **No, haven't** (2) **has, times**
(3) **How, times** (4) **has been**

4 (1) **We have had little rain for more than two months.**

(2) **We haven't met for a long time.**

(3) **aunt has been dead for five years**

(4) **has been talking on the phone for about an hour**

⑤ (1) **How** (2) **ever** (3) **times** (4) **been**

⑥ (1) **Have you finished reading the book**

(2) **How many movies have you seen since last**

(3) **Have you ever been to Canada?**

(4) **never seen such a beautiful scene**

⑦ (1) **ア**

(2) **How long have you played**

(3) **エ**

(4) **たいこは9歳のときからずっと私の大好きなことなのです**

(5) **For three**

解説 ① (1) A「あなたは今までにパンダを見たことがありますか」B「はい，先月上野で見ました」
Have で始まる疑問文なので，過去分詞の **seen** を選び，現在完了の文にする。

(2) A「ジェーンはこの前の水曜日から入院しています」B「本当ですか。どこが悪いのですか」
起点を表す **since** に注目し，現在完了の文にする。

(3)「私が長い間使用していないので，この自転車はどうしても動きません」
カッコのあとの **used** と期間を表す **for a long time** に注目し，現在完了の文にする。この won't は will not の短縮形で「（機械などが）どうしても〜しようとしない」という意味。

(4)「どのくらいの間ずっとくもりですか」
現在完了の継続(けいぞく)で期間をたずねている。

(5)「私たちは去年からお互いを知っています」
現在完了の文なので，過去のある起点からの継続を表す **since** を選ぶ。

(6)「トムは3時間ずっとテレビゲームをしています」現在完了進行形で表すので〈have[has] been＋動詞の -ing 形〉の形にする。

② (1)「私は昨晩のパーティーで多くのよい人々に会いました」

last night という過去の一時点を表す語句があるので，過去時制にしなければならない。

(2)「昨日から雪が降っています」
since yesterday という起点を表す語句があるので現在完了の文にする。

(3)「彼は長い間新しい車をほしがっています」
want は進行形にはしない動詞。継続を表す現在完了文にする。

(4)「私の父はロンドンに行ってしまいました。今度の日曜日まで戻ってきません」
2文目から父は現在いないことがわかるので，has gone to でなければおかしい。

(5)「彼女はその歌手の友人だといっていますが，彼女はその歌手の家に行ったことがありません」
has been to では but の前の内容とつながらない。否定形にする。

(6)「カトウさんはアメリカにいるとき先生でした」
when 以下が過去の文なので過去で表す。

③ (1) A「宿題は終えたの？」B「いいや，終わっていないよ。まだやっているんだ」
B の **I'm still doing it.** という発言から，まだ宿題が終わっていないことがわかる。

(2) A「ジェーンが東京のよい場所をたくさん知っていると思うわ」B「なぜ？」A「彼女はそこに何度も行ったことがあるのよ」
been や **many** から，ジェーンは何度も東京に行ったことがあるから東京にくわしいのだと推測できる。

(3) A「この本を何回読んだことがあるの？」B「はじめてそれを読んだのが2，3年前で，先月また読んだよ」
B は「2，3年前に1回，先月にもう1回読んだ」と答えているので，A は読んだ回数をたずねたと考えられる。

(4) A「北海道の天気はどうですか」B「今雪です。昨夜からずっと雪が降っています」「ずっと〜している」は現在完了進行形で表す。

④ (1) 主語になるのは we しかない。動詞は have か had だが，日本文から現在完了だと考える。「ほとんど雨が降っていない」は「ほとんど雨を持っていない」と考えれば **We have had little rain** と続けることができる。「2か月以上も」を **for more than two months** とすれば完成。

(2)「お久しぶりですね」は「私たちは長い間会っていませんでしたね」という意味。現在完了の否定文で表す。

(3) **been, dead, has** から現在完了の文だと推測できる。「5年前に亡くなった」は「5年間亡くなった状態である」と考える。

(4)「ずっと～している」は現在完了進行形で表すので has been -ing の語順になる。「電話で話す」は talk on the phone。

⑤ (1) 日本文から**期間をたずねる疑問文**だと考えられる。how を加えれば，How long has she played the piano? という文が完成する。

(2)「今までに～したことがありますか」は現在完了の経験を表す用法。Have you ever seen these birds? となるので，「今までに」の意味の **ever** を補う。

(3)「何回～したことがありますか」と経験の回数をたずねるときは **how many times** を文頭に用いて現在完了の疑問文にする。ここでは1語不足しているという問題なので times を補って，How many times has your father been to that country? となる。

(4)「ずっと～している」は現在完了進行形の文と考える。〈**have[has] been＋動詞の -ing 形**〉で表すので，been を加えて John has been playing the video game for two hours. という文が完成する。

⑥ (1)「もう～しましたか」から，**Have you ～ yet?** の文をつくる。been が不要。

(2)「去年から」という日本語から現在完了の継続を表す用法と判断する。過去の疑問文に使う did が不要。

(3) これまでの経験をたずねる疑問文をつくる。still が不要。

(4)「～したことがありません」は経験を表す現在完了の否定文。〈**have never＋過去分詞**〉で表すので過去形の saw が不要。「そんな美しい景色」は such a beautiful scene。

⑦ (1) 空所のあとの in と結びつき，文脈にも合う形容詞は interested。**become interested in ～** で「～に興味を持つようになる」。

(2) **long, how** から期間をたずねる疑問文だと考えられる。

(3) 現在完了の疑問文でカッコのあとが such a long time「そんなに長い期間」となっているので，期間を表す **for** を選ぶ。

(4) ここでの話題はたいこで，**it は the *taiko* を指す**。my favorite thing は「私の大好きなこと」。

(5) 質問の意味は「ユウコはどのくらいの間たいこチームの一員ですか」本文の2段落目の最初に「3年前」とある。3年前からたいこチームに入ったことがわかるので「3年間」と答える。

全訳 ユウコは現在，福岡の高校生です。彼女は町のたいこチームの一員です。彼女は中学生のとき，たいこの演奏を始めました。

3年前，彼女は修学旅行で奈良と京都に行きました。彼女はたくさんの有名な場所を訪れ，昔からある日本の音楽を聞きました。

彼女はいくつかのたいこチームを見て，そのとき旧来の日本の音楽に興味を持つようになりました。彼女はたいこについてもっと多くのことを知りたくなったので，インターネットを使い，自分の町にあるたいこチームを見つけました。

2，3日後，ユウコは放課後にたいこチームを見に行きました。そのチームには約20人のメンバーがいました。そのうちの数人はユウコよりも年下でした。チーム最年長のヤマモトさんは，70歳でした。彼はこの町に長い間住んでいます。メンバーたちはたいこを演奏しているとき，幸せそうでした。たいこの音はユウコにとってとてもわくわくするものでした。彼女はヤマモトさんに「どれくらいたいこ演奏をしているのですか」とたずねました。彼は「約60年間演奏しているよ」と答えました。「どうしてそんなに長い期間演奏しているのですか」と彼女はたずねました。彼は「それが，ぼくが9歳のときからずっと大好きなことだからだよ。ぼくたちはこの町で何年もたいこを演奏してきたんだ。たいこの演奏は，ぼくたちの文化にとって重要なんだよ。ぼくたちはこの町に住む人々のために，この伝統を守るべきだと思うよ」と答えました。

彼の言葉を聞いたあと彼女は驚き，「みなさんは私たちの町のために役に立つことをしてきたんですね。私もあなたのようになりたいです」といいました。

すると，ヤマモトさんは彼女に「ぼくたちのチームに入りませんか」といいました。

彼女はほほえんで「ぜひ，私もこの町の人々のためにチームといっしょになってたいこを演奏したいです」と答えました。

定期テスト対策

❶ 受け身の文同様，現在完了の文では動詞の過去分詞が使われる。不規則変化する動詞の過去分詞をしっかり覚えておくことが大切。

❶現在完了の理解は簡単ではないかもしれないが，英語学習者にとっては必ず越えなければならないハードル。現在，過去，現在完了，それぞれが表す意味をまとめると次の通りになるので，ちがいをきちんと把握しておくこと。
・現在の文…現在の状態や現在習慣的に行われていることを表す場合，いつの時代も変わらない事実（例「太陽は東から昇（のぼ）る」など）を表す場合に用いる。
・過去の文…過去のある時点における状態や動作・行為などを表す場合に用いる。あくまでも「過去のこと」であり，現在との関係はない。
・現在完了…ある動作や行為の結果が現在にも及んでいる場合（完了・結果），現在までの経験について述べる場合（経験），過去のある時点から現在に至るまで続いている状態について述べる場合（継続（けいぞく））に用いる。
❶現在完了の意味を判断する際に手掛かりとなるのが，副詞あるいは副詞の働きをする表現。just や already, yet が使われていたら〈完了・結果〉，ever や never, twice や～ times が使われていたら〈経験〉，since や for が使われていたら〈継続〉だと考えよう。

7 いろいろな文の構造

p.52〜53 基礎問題の答え

1 (1) **runs very fast**
 (2) **Your father looks very young.**
 (3) **He arrived in Tokyo**
 (4) **I became a member**

解説 (1) 動詞 run を用いた SV の文にする。
(2) 動詞 look を用いた SVC の文にする。looks のあとには補語（ここでは形容詞）が来る。
(3) 動詞 arrive を用いた SV の文にする。
(4) 動詞 become を用いた SVC の文にする。became のあとには補語（ここでは名詞）が来る。

2 (1) **played soccer with my friends**
 (2) **reading magazines**
 (3) **made me**
 (4) **us a funny story**

解説 (1)「私は放課後，友人とサッカーをしました」
play「（スポーツなど）をする」は **SVO** の型をとる動詞。
(2)「私は雑誌を読むのが大好きです」
like「〜が好きである」は SVO の型をとる。目的語の位置に動詞が来る場合は **-ing** 形か **to do** の形になる。
(3)「今朝，私の母が紅茶 1 杯を入れてくれました」
make を用いて「A に B をつくる」という意味を表す場合，**make A B（SVOO）** または **make B for A（SVO）** とする。ここでは make A B の形。
(4)「タナカさんはよく私たちにおもしろい話をしてくれます」
tell を SVOO の型で用いる場合，〈**tell**＋人＋もの〉にする。

3 (1) ① **V** ② **C** (2) ① **V** ② **O** ③ **O**
 (3) ① **V** ② **O** ③ **O**
 (4) ① **V** ② **O** ③ **C**

解説 (1)「私はとてもうれしいです」
feel は SVC の型をとる動詞。**happy** は補語になる。
(2)「彼は私に質問をしました」
ask は SVOO の型をとる動詞。**me** と **a question** はどちらも目的語。
(3)「この本をあなたに送りましょう」
send は SVOO の型をとる動詞。**you** と **this book** はどちらも目的語。
(4)「彼はドアを開けたままにしました」
left の原形は **leave** で，SVOC の型をとり，「〜を…の状態にしておく」という意味。ここでは「ドアが開いた状態にしておいた」という意味。

4 (1) **cooks** (2) **to me**
 (3) **me a bike**

解説 (1)「タロウはうでのよい料理人です」→「タロウは料理が上手です」
空所に入るのは動詞。is a good cook を〈動詞＋well〉で書きかえるには，動詞 cook を用いればよい。
(2)「メアリーは私に古い地図を見せてくれました」
showed のあとの語順がかわっていることに注意。**show A B** は **show B to A** で書きかえられる。
(3)「私の父は私に自転車を買ってくれました」
bought は buy の過去形。**buy B for A** は **buy A B** で書きかえられる。

⑤ (1) イ (2) ウ (3) ウ (4) イ (5) イ

解説 (1)「私はこの前の日曜日，そのレストランでスミスさんに会いました」
met の目的語が欠けている文なので，Mr. Smith を met のあとに入れる。
(2)「彼女は昨日，とても悲しそうに見えました」
very が修飾する形容詞が欠けている文なので，**sad を very** のあとに入れ，この文の補語にする。
(3)「私のおじが私に彼の古いカメラをくれました」
give A B のAは「人」，Bは「もの」でなければならない。ここでは give のあとに「もの」が来ているので，**give B to A** の形にする。
(4)「彼らは先月，メアリーに誕生日のプレゼントを送りました」
欠けている要素がない，SVOの文だが，Mary を入れなければならないので，SVOO の文にする。目的語になる「人」は **send** の直後に来る。
(5)「ジョンは彼の犬をロッキーと名づけました」
name は SVO の型で「～に名前をつける，～の名前をあげる」，**SVOC** の型で「**AをBと名づける**」という意味。ここでは SVOC と考えてOの位置に his dog を入れる。

⑥ (1) **showed me** (2) **you, notebook**
(3) **to me** (4) **looked, happy**

解説 (1)「**AにBを見せる**」は **show A B** または **show B to A** を用いる。ここでは____の数から show A B にする。
(2)「**AにBをあげる**」は **give A B** または **give B to A** を用いる。ここでは____の数から give A B にする。
(3)「**AにBを知らせる**」は **tell A (about) B** または **tell B to A** を用いる。ここでは____の数から tell B to A を用いる。
(4)「**～のように見える**」は〈look＋形容詞〉を用いる。look の代わりに，同じ **SVC** の型で用いる動詞である **seem** や **appear** を使ってもよい。

p.54～55 標準問題の答え

① (1) **looked very tired yesterday**
(2) **and I walk to school every day**
(3) **bought me this cute bag**
(4) **The news made us excited.**

解説 (1)「彼は昨日，とても疲れて見えました」

動詞になるのは tired か looked だが，**tired は形容詞「疲れた」**だと考え，**looked very tired** とする。
(2)「ケンと私は毎日学校へ歩いて行きます」
動詞は walk しかないが，Ken のあとにそのまま続けることはできない。主格の代名詞 I があることから，Ken and I を主語にし，walk to school と続ける。
(3)「私の母は先週，私にこのかわいいかばんを買ってくれました」
動詞は bought しかない。前置詞がないので，**buy A B** の形をつくる。Bはここでは this cute bag になる。
(4)「そのニュースで私たちは興奮しました」
動詞になるのは excited か made だが，excited を動詞として使うと，made があまってしまう。そこで **excited を形容詞，made を SVOC の型の動詞**として使い，made us excited とする

② (1) ウ (2) オ (3) エ (4) ア (5) イ

解説 (1)「理由を教えてくれますか」 ウ「あと10分くださいますか」
問題文は **tell** を用いた **SVOO** の型。ウは **give** を用いた **SVOO** の型。
(2)「私の父はボランティアとして働いています」 オ「3本の川がこの町を通っています」
問題文は **work** を用いた **SV** の型。オは **run** を用いた **SV** の型。
(3)「トムの姉[妹]は有名な作家になりました」 エ「彼は簡単に怒ります」
問題文は **become** を用いた **SVC** の文型。エは **get** を用いた **SVC** の型。
(4)「私は彼女の名前を大声で呼びました」 ア「私は私の辞書を彼女に貸しました」
問題文は **call** を用いた **SVO** の型。アは **lend** を用いた **SVO** の型。
(5)「あなたの手紙で私は幸せになりました」 イ「あなたはこの本がおもしろいとわかるでしょう」
問題文は **make** を用いた **SVOC** の型。イは **find** を用いた **SVOC** の型。

③ (1) **see, walks** (2) **is, read**
(3) **am, call me** (4) **sent us, tasted**
(5) **said, the windows open**
(6) **found, enjoyed**

解説 (1)「私は公園でよく彼を見かけます。彼は毎朝，犬の散歩をしています」

1文目は目的語 him があるので see，2文目は目的語 his dog と意味的につながる walks を選ぶ。

(2)「私の趣味は本を読むことです。ふだんは夕食後に読書をします」

1文目は My hobby ＝ reading books の関係なので is，2文目は1文目に reading books とあるので read を選ぶ。

(3)「私は今，忙しいので，9時以降にもう1度電話をしてください」

前半は「～になる」という意味の become よりも be 動詞のほうが自然。後半も意味的に自然な call me を選ぶ。

(4)「先月，祖父が私たちに野菜を送ってくれました。それらはとてもおいしかったです」

1文目は send の用法に注意し，send A B の形を選ぶ。2文目は SVC の型をとる tasted を選ぶ。eat の過去形である ate は very good とつながらない。

(5)「私の母は私に『暑いから窓を開けたままにしておいて』といいました」

前半はカッコのあとに to me があるので said を選ぶ。後半は (leave) the windows open で SVOC の型にする。

(6)「マイクは私によいレストランを見つけてくれました。私はそこの料理を本当に楽しみました」

1文目は目的語が2つあることに注意し，SVOO の型をつくる found を選ぶ。find A B で「A に B を見つけてあげる」という意味。2文目は意味的に enjoyed になる。

4 (1) **to her**　(2) **me, pretty doll**
(3) **math, us**　(4) **What, name**

解説 (1)「私は彼女に水の入ったボトルを1本あげました」

give A B を give B to A で書きかえる。

(2)「私の母は私にかわいい人形を買ってくれました」

get B for A を get A B で書きかえる。

(3)「ヤマダ先生は私たちの数学の先生です」→「ヤマダ先生は私たちに数学を教えています」

is our math teacher を teaches ＿＿ to ＿＿ で書きかえる。「私たちの数学の先生だ」→「私たちに数学を教えてくれる」と考える。

(4)「あなたの赤ちゃんの名前は何ですか」→「あなたは赤ちゃんを何と名づけましたか」

書きかえる文には did があるので，一般動詞を用いた文だと考えられる。元の文で名詞として用いられている name には動詞の用法もあるので，「名前は何ですか」→「何と名づけましたか」と考える。

5 (1) **He made me so happy.**
(2) **was named after a famous artist**
(3) **Was this picture taken by your**
(4) **to keep the room clean**

解説 (1)「彼のおかげで私は～になった」→「彼が私を～にした」と考えて，make を用いた SVOC の型の文にする。became は不要。

(2) ここでの name は「～に名前をつける，～の名前をあげる」という意味の動詞。He で始まっているので，was named と続く受け身の文になるため，原形の name が不要。name after で「～にちなんで名づける」という意味。

(3) 同じ動詞の過去形 took と過去分詞 taken があるので，どちらかが不要だと推測できる。by と was から受け身の可能性を考えて This picture was taken by とし，疑問文の語順にかえればよい。

(4)「～を…にしておく」は〈keep＋目的語＋形容詞〉。clean は「きれいな」の意味の形容詞。cleaned が不要。

8 **不定詞を使った文(1)**

p.58〜59 **基礎問題の答え**

1 (1) **run**　(2) **to be**　(3) **to do**
(4) **to see**　(5) **To play**

解説 (1)「ケンは突然，走りはじめました」

カッコの前に to があるので原形を選び，名詞的用法の不定詞にする。

(2)「メグはピアニストになりたいと思っています」

want に続く部分なので，名詞的用法の不定詞をつくる to be を選ぶ。

(3)「ジョンは忙しいです。彼にはするべきことがたくさんあります」

「するべきたくさんのこと」と do が直前の名詞を修飾しているので，形容詞的用法の不定詞をつくる to do を選ぶ。

21

(4) 「あなたにまた会えてとてもうれしいです」
感情を表す形容詞に続いて，その原因を表す副詞的用法の不定詞をつくる **to see** を選ぶ。
(5) A「どうして公園に行ったのですか」B「テニスをするためです」
目的を表す副詞的用法の不定詞 **To play** を選ぶ。
I play や Let's play では時制が合わない。

2 (1) **ア** (2) **イ** (3) **イ**
解説 (1)「ナンシーはアメリカに行くためにお金をためてきました」
to go to the U.S. が **has saved money** の目的になっている。
(2)「アメリカに行くための最善の方法は何ですか」
to go to the U.S. が直前の名詞 **the best way** を修飾している。
(3)「私の夢はアメリカに行くことです」
to go to the U.S. が文の補語になっている。

3 (1) **イ** (2) **イ** (3) **イ** (4) **エ**
解説 文法的につながらない部分をさがし，to をあてはめてみる。
(1)「私はパンと牛乳を買いたいです」
want と buy はそのままではつながらない。**want to buy**「～を買いたい」とする。
(2)「私には夢があります。それは月から地球を見ることです」
２文目の補語が see ... になっているが，動詞を補語として用いる場合は，不定詞か -ing 形を用いるのがふつう。
(3)「このスーパーマーケットで買うものがあります」
something と buy はそのままではつながらない。
something to buy「買うべきもの」とする。
(4)「昼食に食べるのに何かよいものを教えてくれますか」
something nice と have はそのままではつながらない。**something nice to have**「食べるのによい何か」とする。

4 (1) **to catch[take / ride]** (2) **to go**
(3) **to win**
解説 (1) 日本文の「乗るために」にあたる部分。to catch, to take または to ride を入れる。
(2)「もう～する時間だ」は it's time to ～ で表す。「寝る」は bed が与えられているので go to bed とする。

(3)「試合に勝った」ことが「喜び」の原因。〈be＋感情の形容詞＋to 不定詞〉にする。

5 (1) **ウ** (2) **イ** (3) **イ**
解説 (1)「私は釣りを楽しむために川に行きました」
問題文は目的を表す副詞的用法の不定詞で，ウ「私は音楽を楽しむためによくコンサートに行きます」が同じ用法。ア「私はパーティーを楽しみたいです」は名詞的用法，イ「映画を見て楽しむ時間がありますか」は形容詞的用法。
(2)「彼は彼の趣味について話し始めました」
問題文は目的語になる名詞的用法の不定詞で，イ「私は今，彼と話をしたくありません」が同じ用法。ア「スズキさんと話をするためにこちらにうかがいました」は副詞的用法，ウ「私は旅行の計画について話をするために彼に電話しました」も副詞的用法。
(3)「東京には訪れるべき場所がたくさんありますか」
問題文は形容詞的用法の不定詞で，イ「東京にいる間に訪ねておくべき友人がいます」が同じ用法。ア「私たちはその村を訪ねるために，早く起きました」は副詞的用法，ウ「彼女は今年の夏にその博物館を訪れる予定です」は名詞的用法。

6 (1) **with** (2) **about** (3) **in**
解説 (1)「ペンを持っていますか。書くものを何も持っていないのです」
１文目でペンがあるかどうかたずねているので，to write with「（鉛筆など）書くための」ものがないとわかる。**write with a pen** で「ペンで書く」。
(2)「私たちには話し合うべき問題があります」
to talk 以下が **a problem** を修飾する形。about を選び，a problem to talk about「話し合うべき問題」とする。**talk about a problem** で「問題について話をする」。
(3)「その国の多くの国民には住む家がありません」
to live 以下が **a house** を修飾する形。in を選び，a house to live in「住むための家」とする。**live in a house** で「家に住む」。

1 (1) エ (2) ウ (3) エ

解説 (1)「情報を得るためにインターネットを使うことができます」

文の目的語となる名詞のあとなので，原形や過去形は続けられない。to get を選び，to get some information「情報を得るために」とする。

(2)「今晩は雨かもしれません。どうか忘れずにかさを持ってきてください」

forget のあとには -ing か不定詞が続くが，意味が異なる。forget -ing は「〜したことを忘れる」，forget to do は「（これからすべき）ことを忘れる」となる。否定形の don't forget to 〜 は「忘れずに〜する」という意味になる。

(3)「何か冷たい飲み物がほしいです。のどがかわいています」

-thing の形の名詞を修飾する語句は -thing のあとにつく。形容詞と不定詞が同時に修飾する場合は〈-thing＋形容詞＋不定詞〉の順番になる。

2 (1) to (2) × (3) in (4) ×

解説 動詞には動詞の直後に名詞（＝目的語）をつけ〈主語＋動詞＋名詞〉とできる動詞と，名詞の前に前置詞をつけ〈主語＋動詞＋前置詞＋名詞〉の形をとる動詞がある。

(1)「あれは聞くのに楽しい音楽です」

pleasant music を to listen 以下が修飾する形。listen to 〜「〜を聞く」を手がかりに，____ には to を入れる。

(2)「パリは訪れるのにおもしろい都市ですか」

an interesting city を to visit 以下が修飾する形。an interesting city が visit の目的語となるので前置詞は不要。

(3)「彼らはロンドンに引っ越す前に住む家を選びました」

a house を to live 以下が修飾する形。live in 〜「〜に住む」を手がかりに，____ には in を入れる。

(4)「食べるものがあまりありません」

much food を to eat 以下が修飾する形。

3 (1) to be[become] (2) to visit (3) nothing, drink (4) to hear

解説 (1)「私はプロ野球選手になりたいです。それが私の夢です」→「私の夢はプロ野球選手になることです」

上の2文から「私の夢」＝「プロ野球選手になること」だとわかるので，名詞的用法の不定詞 to be を入れる。to become でもよい。

(2)「この町では，たくさんの場所を訪れることができます」→「この町には訪れるべき場所がたくさんあります」

「たくさんの場所を訪れる」とは「訪れるべきたくさんの場所」だと考え，形容詞的用法の不定詞 to visit を入れる。

(3)「冷蔵庫には飲み物が何もありません」

書きかえた文に don't がないことに注意。anything を nothing にかえて to drink が nothing を修飾する形にする。

(4)「来月あなたが日本に来ると聞いたのでうれしいです」

1文目は because 以下が glad の理由になっている。同じ内容を〈be＋感情を表す形容詞＋to 不定詞〉で表す。

4 (1) went there to see a baseball game (2) Give me something cold to drink.

解説 (1) A「昨夜東京に行ったって？ どうして？」

B「ああ，そこへ野球の試合を見に行ったんだよ」

Aの発言の時制を考えると動詞になるのは went で，これに there を続ける。残った語で to see a baseball game という副詞的用法の不定詞をつくる。

(2) A「あなたは汗だくね。シャツを脱ぎなさい」

B「外はとても暑いよ。何か冷たい飲み物をちょうだい」

something, to, cold, drink に注目し，〈-thing＋形容詞＋不定詞〉をつくる。できあがった something cold to drink は，me と共に give の目的語にする。

5 (1) Will you lend me something interesting to read? (2) Where would you like to visit (3) me something to write with (4) was lucky to have a chance to meet her

解説 (1)「貸してくれませんか」と依頼を表す疑問文なので，Will で始め，you lend me と続ける。残った語から「何かおもしろい読み物」は「読むためのおもしろい何か」と考え，something interesting to read とする。

(2) 疑問文をつくるには Where would と始めるしかない。これに主語 you を続けると like, visit, to が残る。like to visit と並べれば完成。**would like to ～** は「～したいと思う」という意味で, **want to ～** のていねいな表現になる。

(3)「何か書くもの」を「書くための何か」と考える。

(4)「幸運だった」は (I) was lucky, 「彼女と会う機会」はa chance to meet herと並べることができる。残った to と have を用いて was lucky to have a chance to meet her とすれば完成。**to have 以下**が感情の原因を表す副詞的用法の不定詞になる。

6 (1) **She likes to study English.**
(2) **He has a lot of homework to do.**
(3) **Last week, I went to Tokyo to meet [see] one of my friends[last week].**
(4) **I am surprised to know that Meg is your sister.**

解説 (1) like が与えられているので, 「彼女は／好きです／英語を勉強すること」の順で英文をつくっていく。「英語を勉強すること」は to study English で表すことができ, これを She likes に続ければ完成。

(2) 与えられている語句から「彼は持っている／やるべきたくさんの宿題」の順で英文をつくっていく。「やるべきたくさんの宿題」は a lot of homework to do。homework は数えられない名詞なので複数形にしないように注意。これを He has に続ければ完成。

(3) 与えられている語句から「先週／私は行きました／東京に／会うために／私の友人の1人に」の順で英文をつくっていく。「会うために」は to meet [see], 「私の友人の1人」は one of my friends とし, これを I went to Tokyo につなげる。**last week** は文頭, 文末, または to Tokyo のあとに置く。

(4) 与えられている語句から「私は驚いています／知って／メグがあなたの妹であること」の順で英文をつくっていく。「私は驚いています／知って」は 〈be＋感情を表す形容詞＋to 不定詞〉を使って I am surprised to know とする。know の目的語にあたるのが「メグがあなたの妹であること」。that Meg is your sister で表し, I am surprised to know に続ける。

p.64～65 基礎問題の答え

1 (1) このコンピューターの使い方
(2) 何をするべきか
(3) どこで切符を買えばよいか
(4) どちらを選べばよいか

解説 (1) **how to ～** は「どのように～したらよいか, ～の仕方」。
(2) **what to ～** は「何を～したらよいか」。
(3) **where to ～** は「どこで～すればよいか」。
(4) **which to ～** は「どちらを～すればよいか」。

2 (1) **want, to**　(2) **told us**
(3) **asked, give**　(4) **want, tell**

解説 (1)「…に～してほしい」は 〈want＋目的語(人)＋to ～〉を用いる。
(2)「…に～するようにいう」は 〈tell＋目的語(人)＋to ～〉を用いる。
(3)「…に～するように頼む」は 〈ask＋目的語(人)＋to ～〉を用いる。
(4)「…に～してほしい」なので, 〈want＋目的語(人)＋to ～〉を使い, その「～」を 〈tell＋目的語(人)＋to ～〉にする。

3 (1) **ウ**　(2) **イ**

解説 **It is ... (for __ (人)) to ～** で「(―が)～するのは…だ」という意味。
(1) to write a letter in English＝difficult という関係になる。
(2) to understand each other＝important という関係になる。

4 (1) **to**　(2) **catch**　(3) **for**　(4) **that**

解説 **too ... (for __ (人)) to ～** は「とても…なので(―は)～できない, ～することは(―には)あまりに…だ」という意味。
(1)「私はとても疲れているので, 今は勉強できません」
..., so 主語 can't ～「…なので～できない」の文を too ... to ～ の文に書きかえる。
(2)「彼は起きるのが遅すぎたので, そのバスに乗れませんでした」

..., so 主語 couldn't ～「…なので～できなかった」の文を too ... to ～ の文に書きかえる。

(3)「そのおもちゃはとても高いので彼は買うことができません」
主語 can't ～ because ...「…なので～できない」の文を too ... to ～ の文に書きかえる。

(4)「雨が激しすぎるので私たちは外出できません」
too ... for ＿ to ～ の文を〈**主語¹ is so＋形容詞＋that 主語² can't ～**〉「主語¹がとても…なので主語²は～できない」の文に書きかえる。

[5] (1) ウ　(2) ア　(3) ア　(4) ア

解説 (1)「彼女は幼すぎて1人では電車に乗れませんでした」
ア，イでは空所のあとがつながらない。**too ... to ～** の文にする。
(2)「私が英語で手紙を書くのを手伝ってくれますか」〈**help＋目的語（人）＋原形不定詞**〉で「～が…するのを手伝う」という意味。
(3)「E メールでメッセージを交換する方法を知っていますか」
ウ，エは主語が she なので exchanges でないといけない。**how to ～**「～の仕方」の文にする。
(4)「その花は私が買うのに十分なくらい安かったです」
... enough for ＿ to ～「―が～するのに十分なほど…」の文にする。

[1] (1) **wanted, to**　(2) **what to**
　　(3) **enough to**　(4) **me clean**
　　(5) **when to**　　(6) **asked, to**

解説 (1)「…に～してほしい」は〈**want＋目的語（人）＋to ～**〉。ここでは過去形 wanted にする。
(2)「何を～したらよいか」なので **what to ～**。
(3)「～するのに十分な…」は **... enough to ～**。
(4) ＿＿ の前に made があるので，「～に…させる」という意味の〈**make＋目的語（人）＋原形不定詞**〉の形になる。
(5)「いつ会うか」は「いつ会えばよいか」と考え，**when to (meet)** とする。
(6)「…に～するように頼む」は〈**ask＋目的語（人）＋to ～**〉。ここでは過去形 asked にする。

[2] (1) **too, for, to**　(2) **how to**
　　(3) **difficult[hard]**　(4) **for, to**

(5) **Don't**　(6) **we should**

解説 (1)「あまりに暑くて私たちは外出できませんでした」
〈**主語¹ is so＋形容詞＋that 主語² can't ～**〉の文を **too ... to ～** の文に書きかえる。
(2)「私の祖母は自動車を運転できません」→「私の祖母は自動車の運転の仕方がわかりません」
「運転できない」ということは「運転の仕方を知らない」のだと考え，how to ～ を使う。
(3)「私たちはフランス語を話せません」→「フランス語を話すのは私たちにとって難しいです」
空所に入るのは形容詞で，「話せない」ということは「話すのが難しい，大変である」と考え，difficult [hard] を使う。
(4)「彼はとてもはっきりと話したので，私たちは彼のことを理解することができました」→「彼は私たちが彼を理解するのに十分なくらいはっきりと話しました」
〈**so ... that＋主語＋could ～**〉を〈**... enough for ＿ to ～**〉の文に書きかえる。
(5)「私の母は私に家にいるように言いました」→「私の母は『外出しないで』と私に言いました」
「家にいるように言った」ということは「外出するなと言った」と同じこと。**否定の命令文**を使う。
(6)「私たちはその試合に勝つために何をしたらよいのか知りたいです」→「私たちはその試合に勝つために何をするべきかを知りたいです」
what to ～ は「何をしたらよいのか」。「～したほうがよい」という意味の表現に had better があるが ＿＿ の数が足りないので，助動詞 should を用いる。
なお，**what to ～** も「何を～すべきか」と訳すことができる。

[3] (1) **I told him to wait at the station.**
　　(2) **I asked him how to get to the post office.**
　　(3) **This book is interesting enough for you to buy.**
　　(4) **My father didn't let me play the**

解説 並べかえる文が長い場合は，語群の動詞を確認し，日本文を参考に英文の骨格，特に主語と動詞を推測するとよい。
(1)「…に～するように言う」なので〈**tell＋目的語（人）＋to ～**〉の順に並べる。

(2) asked があるので，「私はたずねました／彼に／郵便局への行き方を」と考えて並べていく。「郵便局への行き方」は get があるので **how to get to the post office** とする。

(3) book と this, interesting, is があるので，「この本はおもしろい／あなたが買うのに十分なほど（おもしろい）」と考えて並べていく。「この本はおもしろい」は This book is interesting となる。「あなたが買うのに十分なほど（おもしろい）」は enough があるので (interesting) enough for you to buy とする。

(4) let と play があるので「～に…させる」という意味の〈let＋目的語（人）＋原形不定詞〉の形で表す。「そのテレビゲームをする」は play the video game。

4 (1) **It was easy for him to read the book.**

(2) **The question was so difficult that I couldn't answer it.**

解説 (1)「彼はその本をたやすく読みました」It で始めるという指示があるので，**It is ... (for ＿（人）) to ～ 構文**への書きかえだと考える。元の文の read は過去形（現在形なら reads になる）。したがって，書きかえる文は It was で始め，easily の形容詞形 easy を続け，意味上の主語を for him で表す。最後に不定詞を to read the book とすれば完成。

(2)「その問題は私が答えるには難しすぎました」too ... for ＿（人）to ～ の文を so ... that ～ の文に書きかえる場合は that ～ に注意。**that ～ は that 主語¹ can't ～ の形になる。主語²は元の文の意味上の主語に対応させ，can't ～ は to ～ に対応させる。** さらにここでは「～」にあたる answer に目的語 it（＝the question）を続けること，時制を過去にすることにも気をつける。

5 (1) **Do you want to know how to play chess?**

(2) **It is important for us to do our best.**

解説 (1) 与えられている語から「あなたは知りたいですか／チェスの遊び方を」の順に英文をつくっていく。「あなたは知りたいですか」は Do you want to know，「チェスの遊び方」は how to play chess となり，つなげれば完成。

(2) 与えられている語から「大切です／私たちにとって／最善を尽くすこと」の順に英文をつくっていく。「大切です」は It を形式主語として使って It is important，「私たちにとって」は for us，「最善を尽くすこと」は to do our best となり，すべてをつなげれば完成。なお「最善を尽くす」は do の代わりに try を使っても表すことができる。

p.68～71 実力アップ問題の答え

1 (1) ア (2) ア (3) エ (4) イ (5) エ

2 (1) イ (2) エ (3) ア (4) ウ (5) オ

3 (1) **too young[little / small]**
(2) **let[make], go** (3) **kind enough**
(4) **when to** (5) **surprised, know**

4 (1) エ (2) ウ (3) イ (4) イ (5) イ

5 (1) **where to** (2) **It, interesting**
(3) **to hear** (4) **made, sad**

6 (1) **Will you tell me how to get to**
(2) **She has lots of friends to help her.**
(3) **There are a lot of famous places to visit**
(4) **These books are too difficult for me to read.**

7 (1) イ (2) イ (3) イ

8 (1) **He looked too tired to say a word.**
(2) **I asked him to carry this box.**

解説 **1** (1)「昨日はあまりにも寒くて手袋なしでは外出できませんでした」カッコのあとが〈形容詞＋to 不定詞〉になっている。

(2)「私の母はよく私に朝食を食べる前に顔を洗うようにいいます」カッコのあとが〈目的語（人）＋to 不定詞〉になっている。

(3)「彼は今日の放課後に野球をしたいと思っています」**want は不定詞を目的語にとる。**

(4)「こちらは私たちの友だちのエリザベスです。私たちは彼女をベティと呼びます」call A B は「A を B と呼ぶ」という意味で A には**目的語（代名詞は目的格）**が入る。Elizabeth[Betty] は女性の名前。

26

(5) A「荷物を運ぶのを手伝ってくれますか」B「いいですよ。それはあなたが運ぶには重すぎるように見えます」
〈help＋目的語（人）＋動詞の原形〉で「～が…するのを助ける〔手伝う〕」という意味。原形の carry を選ぶ。

2 (1)「日本語でこの花を何と呼びますか」SVOC の文。イの make A B が「A を B にする」という意味で同じ SVOC の文。his daughter は O にあたり，a great artist が C の関係になる。「彼は娘を偉大な芸術家にしました」

(2)「私に何か飲み物をください」SVOO の文で give は目的語を2つとる動詞。エの make も2つ目的語をとる動詞なので同じ文構造と言える。「母は私に可愛いドレスを作ってくれました」 同じ make を使った文でも SVOC と SVOO の違いは make のあとの名詞2つが＝（イコール）の関係になっているかいないか，ということで判断する。

(3)「父はバスで会社に行きます」SV の文で to his office by bus は文の要素にはならない修飾語句である。アの「あなたはどのくらいの間図書館にいますか」が〈主語＋be 動詞＋場所を表す語句～.〉の形で SV の文と言える。

(4)「これはほかのどの歌よりも人気があります」SVC の文で，ウの「そのケーキはとてもおいしそうに見えます！」が同じ構造となる。

(5)「私はその単語のつづり方を知りません」SVO の文。how to 以下が know の目的語になっている。オの「私は彼女の誕生日のために素敵なプレゼントを買うつもりです」と同じ。a nice present が buy の目的語。

3 (1) ＿＿ のあとの to go に注目し，too ... to ～ の文にする。

(2)「～に…させる」は〈let[make]＋目的語（人）＋動詞の原形〉で表す。let と make の違いは，let は「～することを許す」意味があり，make のほうが「強制的に～させる」の意味を含む。

(3)「親切にも～してくれる」は「～するには十分親切な」と考えて kind enough to ～ で表す。

(4)「いつ～すればよいか」は when to ～。

(5)「～だとわかって驚く」は〈be＋感情を表す形容詞＋to 不定詞〉で表すことができる。

4 (1)「ポール，私が宿題をするのを手伝ってくれますか」〈help＋目的語（人）＋動詞の原形〉で「～が…するのを手伝う」という意味。me のあとに補う。

(2)「その赤ちゃんは両親にマリアと名付けられました」name A B「A を B と名付ける」の受け身の文で named のあとに名前が来る。

(3)「薬は彼女をずっとよくしました［薬で彼女はずっとよくなりました］」〈make＋目的語＋形容詞〉で「～を…にする」という意味。her は目的語なので動詞のあとに置く。

(4)「あなたに何か温かい飲み物を持ってきましょうか」bring は2つ目的語をとる動詞で〈bring＋人（～に）＋もの（…を）〉の語順になる。

(5)「私は彼女に何と言っていいのかわかりませんでした」〈what＋to＋動詞の原形〉で「何を～したらよいか」という意味になる。

5 (1)「私はそのチケットを手に入れるためにどこへ行ったらいいのでしょうか。あなたは知っていますか」→「あなたはそのチケットを手に入れるためにどこへ行ったらいいか知っていますか」
〈疑問詞＋to＋動詞の原形〉の形にする。

(2)「テレビでサッカーの試合を見るのは私たちにとっておもしろいです」
It is ...（for ＿）to ～ の形式主語 it を使う文に書きかえる。

(3)「私はそのニュース［知らせ］を聞いて気の毒に思いました」
sorry と感じる原因は hear the news にあるので，〈be＋感情を表す形容詞＋to 不定詞〉を使えばよい。

(4)「彼女がその物語を読んだとき，彼女はとても悲しく感じました」→「その物語は彼女をとても悲しくさせました」〈make＋目的語（人）＋形容詞〉で「～を…にする」という意味になる。

6 (1)「私に教えてくれませんか／京都駅への行き方」と考えて文をつくる。「私に教えてくれませんか」は Will you tell me，「京都駅への行き方」は how to get to (Kyoto Station) となる。

(2) she, has があるので「彼女は持っています／たくさんの友人を／助けてくれる（友人）」と考えて文をつくる。「彼女は持っています」は She has，「たくさんの友人を」は lots of friends，「助けてくれる（友人）」は (friends) to help her となる。

(3)「～があります」の文なので There are で始める。「たくさんの有名な場所」は a lot of famous places，不定詞の形容詞的用法を用いて，to visit がうしろから places を修飾。

(4)「～すぎて…できない」は too ～ to ... で表す。「私には」の for me は不定詞の前に置く。

7 (1) 科学者がカメラやその他の機材を使うのは，たくさんの情報を集めるためだと考えられるので，**目的を表す副詞的用法の不定詞になる to collect** を選ぶ。

(2) 受け身の**ア**と**ウ**は意味的に合わない。**エ**を選ぶとそのあとの文にうまくつながらなくなる。「～を利用し始めている」の**イ**を選ぶ。

(3) 空所のあとが become a winner なので，how to を入れれば「勝者になる方法」という意味になり，文意が通る。

全訳 科学は今日のスポーツの非常に重要な部分だ。実際，科学は運動選手の生活においてほとんどすべてを支配している。科学者は運動選手が何を食べるべきか，彼らがいつ食事をするべきかを決めている。彼らはどんな練習を運動選手たちがするべきか，そして彼らが練習を何時間するべきかを決めている。また，運動選手のためによりよいシューズ，あるいはよりよいスポーツウエアと装置を計画してつくる科学者もいる。このような「スポーツ科学者」は現代スポーツのどこにでもいるのだ。大学でスポーツ科学を学ぶことさえできる！

現代科学は運動選手の行動のあらゆる部分を研究している。科学者はたくさんの情報を収集するために，カメラやその他のいくつかの装置を利用する。彼らはこの情報をさまざまな方法で使う。まず，彼らは各選手の体に合わせるために，トレーニングプログラムをつくる。彼らはそれぞれの選手にエネルギーの最善の使い方を教える。科学者はまた，運動選手がよりよく競技ができたり勝ったりするのに役立たせるためにこの情報を使う。

より多くの運動選手が，スポーツ心理学者も利用し始めている。これらのスポーツ科学者は運動選手がよりよい選手になるのに役立つ。彼らはまた運動選手に勝者になるための方法も教える。スポーツ心理学者は現在，運動選手を助ける大きな集団の重要な一部となっている。

8 (1) A「ボブはどうしたの？」B「わからない。疲れすぎて一言も言えないようだったよ」
（　）内の指示語 look は「～のように見える」の意味と考えて「疲れすぎているように見えた」で表す。「一言も言えなかった」は「～すぎて…できない」の **too ～ to ...** の表現を用いて **to** のあとに **say a word** を続ければよい。

(2) A「サイモンを見た？　彼にこの箱を運ぶように頼（たの）んだのよ。でも来ないの」B「ああ，彼は図書館にいたよ」
「私は彼に～するように頼んだ／この箱を運ぶ（ように）」と考える。「私は彼に～するように頼んだ」は **I asked him to ～**，「この箱を運ぶ（ように）」は (to) carry this box とすればよい。

10 間接疑問・会話表現

p.74〜75 **基礎問題の答え**

1 (1) あなたがどこで私のカギを見つけたのか
(2) あの背の高い男性がだれなのか
(3) 彼女は誕生日に何をほしがっていると

解説 (1) where は場所をたずねる疑問詞。
(2) who は人をたずねる疑問詞。
(3) do you think の位置に注意。疑問詞のあとにくる。

2 (1) **she is** (2) **he lives** (3) **who stole**

解説 間接疑問では，疑問詞のあとの語順が〈主語＋動詞 ...〉になる。
(1)「彼女は何をしていますか」→「彼女が何をしているのかわかりません」
(2)「彼の住所を知っていますか」→「彼がどこに住んでいるか知っていますか」
「彼の住所」を「彼が住んでいるところ」→「彼がどこに住んでいるか」と考える。
(3)「私のぼうしを盗んだのはだれですか」→「だれが私のぼうしを盗んだのだろう」
I wonder 〜 で「〜かしらと思う」という意味。

3 (1) **what** (2) **was** (3) **what**
(4) **started[began]** (5) **Why**

解説 (1)「何が」なので **what**。
(2)「生まれる」は be born。ここでは過去形にする。
(3)「何時に」なので **what time**。
(4)「はじまる」は start または begin。ここでは過去形にする。
(5)「どうして」なので **why**。

4 (1) ウ (2) エ (3) イ (4) イ (5) イ

解説 (1)〔レストランで〕A「すみません。水をもらえますか」B「かしこまりました。少々お待ちください」
A は客，B は店員だと考えられる。人を呼び止めるときに使う Excuse me. が正解。
(2) A「質問をしてもよろしいでしょうか」B「かまいませんよ。どうぞ」
Go ahead. は「どうぞ」という意味で，相手の行動をうながす表現。「お先にどうぞ」と相手に先を譲る場合にも使う。

(3) A「ご注文は決まりましたか」B「はい，ステーキとグリーンサラダをお願いします」
Are you ready to order? はレストランなどで店員が注文を聞くときの定番表現。注文が決まっていないときは，**Not yet.** や **I haven't decided yet.** などと答える。
(4) A「今日は何日ですか」B「1月8日です」
What's the date today? は日付をたずねる表現。曜日ではないので注意。
(5) A「すみませんが，私の（注文した）食べ物がまだ来ないのですが」B「すみません。すぐにお料理をお持ちします」A「ありがとう」
レストランなどで注文した品がなかなか来ないときは，**My food hasn't come yet.** などといって催促する。

p.76〜77 **標準問題の答え**

1 (1) イ (2) ア (3) エ

解説 (1) A「遅刻してごめんなさい」B「問題ないよ。会議はまだ始まっていないから」
I'm sorry to 〜 は「〜してすみません」，**That's all right.** はおわびをする相手に対して「まったく問題ないです」と答える表現。
(2) A「何かお探しですか」B「いいえ。ただ見ているだけです」A「ごゆっくりどうぞ」
店での会話。**No, thank you.** は「いいえ，結構です」という意味。
(3) A「あなたの鉛筆を使ってもいいですか」B「もちろん。どうぞ」A「ありがとう」
Sure. は相手の要望を聞き入れるときに使う表現。相手にものを差し出すときは **Here you are.** などを使う。

2 (1) **how old** (2) **where, saw**
(3) **when, born** (4) **why, was**
(5) **What, of**

解説 (1)「彼の年齢はわかりません」→「彼が何歳かわかりません」
his age を間接疑問で表す。年齢をたずねる表現 **how old ...?** を間接疑問にする。

29

(2)「『あなたはどこで私の姉［妹］を見たの？』とメアリーはマイクにいいました」→「メアリーはマイクにどこで彼女の姉［妹］を見たのかたずねました」
「どこで彼女の姉［妹］を見たのかたずねた」という意味の文にする。「どこで」は where, see は過去形の saw にする。

(3)「どうして彼の誕生日がわからないのですか」→「どうして彼がいつ生まれたのかわからないのですか」
his birthday を間接疑問で表す。「いつ生まれたのか」と考える。

(4)「彼女は遅刻しましたが，理由を私に言いませんでした」→「彼女はなぜ遅刻したのか私に言いませんでした」
the reason は「遅刻の理由」なので，「なぜ遅刻したのか」と考える。

(5)「彼女は何色がいちばん好きだと思いますか」→「彼女のお気に入りの色は何だと思いますか」
her favorite color「彼女のお気に入りの色」が何かをたずねる疑問文にする。think of ～「～について思う」

3 (1) **I'll ask that girl where the post office is.**
(2) **Do you have any idea why Ichiro went there?**
(3) **Do you know when Mary will come home?**
(4) **Do you know who came here**
(5) **Who do you think has sent this**
(6) **high schools do you think there are**

解説 (1) where the post office is「郵便局がどこにあるか」を ask の目的語にする。
(2) **Do you have any idea ～?** で「～がわかりますか」という意味になる。ここでは「～」にあたる部分を間接疑問にする。
(3) when Mary will come home「メアリーがいつ帰宅するか」を know の目的語にする。
(4) who came here (yesterday)「だれが昨日ここに来たのか」を know の目的語にする。
(5) Who has sent this present? と do you think が 1 つになった文だと考える。do you think は疑問詞のあとに置く。
(6) How many high schools are there in Yokohama? に do you think が挿入された文だと考える。

4 (1) **Do you know (that) Misa came back from India?**
(2) **She called me this morning while I was out.**
(3) **she has caught (a) cold since she came back to Japan.**
(4) **Japan is colder (than India).**
(5) **How about asking her to tell us about her trip when[after] she becomes[gets] well?**

解説 (1)「あなたは知っていますか／ミサがインドから帰ってきたことを」と考える。「ミサがインドから帰ってきたこと」は (that) Misa came back from India などとする。
(2)「今朝，彼女が私に電話をかけた／私が外に出ている間に」と考える。「私が外に出ている間に」は while I was out などとする。
(3)「～から…している」という日本文から現在完了を用いる。「かぜをひく」は catch a cold なので，これを現在完了にすればよい。
(4)「日本のほうが寒い」なので比較級。比較対象は India だが than India は省略してもよい。
(5)「彼女に旅行の話をするように頼んでみない／彼女の体調がよくなったとき」と考える。「…に～するように頼む」は〈ask＋目的語＋to ～〉を使って表せる。「彼女の体調がよくなったとき」は when she becomes[gets] well とする。when のあとは未来の内容も現在形で表すことに注意。「～してもらわない」は How about ～? 以外にも Let's ～. や Why don't we ～? などでもよい。

全訳 メアリー：こんにちは，ボブ。ミサがインドから帰って来たって知ってる？
ボブ：いいや，彼女に会ったの？
メアリー：まだよ。けさ私の外出中に電話をくれたのよ。
ボブ：ああ，きみは彼女と話をしていないんだ。
メアリー：母が話をしたわ。日本に戻って以来ずっとかぜをひいているらしいわ。
ボブ：それは災難だね。日本のほうが寒いからね。
メアリー：そうね。よくなったら旅行の話をしてもらうよう頼んでみない？
ボブ：それはいいね。

11 that や疑問詞ではじまる節・分詞

1 (1) エ　(2) ウ　(3) ウ　(4) ウ

解説 (1)「私はあなたのお父さんがりっぱな芸術家とは知りませんでした」「〜ということ」という意味の **that** を選ぶ。that 以下が know の目的語になっている。

(2)「あなたは雨が降ると思いますか」**that** 以下は〈主語＋動詞〜〉の語順になる。天気を表す主語 it と going があるのでその前は be 動詞の is でウの it is を選ぶ。

(3)「彼女はあなたにあなたのことが好きだと言いましたか」〈**tell** ＋人＋**that** 〜〉の形で「（人）に〜ということを言う」という意味で say のあとに「（人）に」は続かない。

(4)「残念ながら彼はパーティーには来ないと思います」**be afraid that** 〜は不安や心配な気持ちを表すときに用いられる。

2 (1) **shaking**　(2) **spoken**
　　(3) **broken**　(4) **talking**

解説 (1) the man と shake hands は能動の関係。shaking とする。**shake hands with** 〜 は「〜と握手をする」。

(2) the language と speak は受け身の関係。過去分詞 spoken とする。この文は The language spoken in this area is English. の疑問文。

(3)「こわれた窓」は「こわされた窓」と考え，break は過去分詞に変える。分詞が単独で名詞を修飾するときは〈分詞＋名詞〉の語順になる。

(4)「〜している」は現在分詞で表す。分詞の他に修飾語句が続くときは〈名詞＋分詞＋その他の語句〉の語順になる。

3 (1) エ　(2) ア　(3) ウ

解説 (1)「その寝ている犬を起こすな！」
sleeping が修飾するものは名詞の **dog** しかない。1語で名詞を修飾する場合，その前に置く。冠詞がある場合は冠詞と名詞の間に置く。

(2)「スズキさんと話している少年たちは，ナオ，ケン，タロウです」

アに入れると talking with Ms. Suzuki が The boys を修飾する形になり，意味が通る。エの位置に入って進行形をつくる可能性も考えられるが，**talking** のあとに前置詞が必要になる。

(3)「多くの国で売られている最も人気のある車は何ですか」

イに入れると受け身の形になるが，the most ... につながらない。**ウ** に入れると sold in many countries が car を修飾する形になり，意味が通る。エでは「たくさんの売られている国々」となり，意味的に不自然。

4 (1) **written**　　(2) **standing**
　　(3) **that, drives**　(4) **wearing, is**
　　(5) **called**

解説 2つの文を1つにするときは，両方の文に共通する名詞を見つけ，一方の文を〈名詞＋分詞〉にするのが基本。

(1)「私のいとこが記事を書きました。あなたにその記事を見せてあげましょう」→「あなたに私のいとこによって書かれた記事を見せてあげましょう」

2つの文に共通するのは article。＿＿＿ のあとが by my cousin となっていることから，「記事←私のいとこによって書かれた」という形にすると考え，write の過去分詞 **written** を入れる。

(2)「ある家が丘の上に立っています。その家は美しいです」→「丘の上に立っているその家は美しいです」

2つの文に共通するのは house。The house を stands on the hill が修飾する形にすれば1文になる。**house** と **stand** は能動の関係なので **standing** とする。

(3)「彼はバスを運転します。あなたはそれを知っていますか」→「あなたは彼がバスを運転することを知っていますか」〈主語＋動詞〉に **that** 節「〜ということ」を続ける。

(4)「ある女性が大きなぼうしをかぶっています。彼女はナンシーのお母さんです」→「大きなぼうしをかぶっている女性はナンシーのお母さんです」

2文目の She は lady を指す。The lady を wears a big hat が修飾する形にすれば1文になる。**lady** と **wear** は能動の関係なので **wearing**。

(5)「この少女を知っていますか。彼女はハナと呼ばれています」→「ハナと呼ばれているこの少女を知っていますか」

2文目の She は1文目の this girl を指す。this girl を is called Hana が修飾する形にすれば1文になる。**this girl と call は受け身の関係。is を省略し，called を入れる。**

5 (1) **when** (2) **swimming** (3) **broken**
　(4) **why** (5) **built**

解説 (1)「いつ」は when。when 以下の間接疑問が know の目的語になっている。
(2)「泳ぐ」は swim。**girl と swim は能動の関係**なので **swimming** とする。
(3)「こわれた」は break「～をこわす」の過去分詞 **broken** で表すことができる。
(4)「なぜ～か」という間接疑問が asked の目的語で名詞の働きをしている。疑問詞 **why** を入れる。
(5)「建てられた」は build「建てる」の過去分詞 **built** で表すことができる。

p.82～83　**標準問題の答え**

1 (1) ウ (2) エ (3) エ

解説 (1)「あなたは彼が間違っていると思いますか」**think that ～** で「～と思う」。
(2)「どちらのバスが新宿に行くか私に教えてください」〈**show＋人＋間接疑問**〉の形。me のあとに疑問詞 **which** を入れる。
(3)「雪でおおわれたあの山の名前は何ですか」**covered** は「おおわれた」という意味の過去分詞で with snow を伴って前の名詞 mountain を修飾する。

2 (1) ウ (2) イ

解説 (1)「あなたはその女性が向こうで立っているということを知っていますか」**that** は「～ということ」の意味でそのあとに〈主語＋動詞〉が続く。ウの think のあとの that も「～ということ」の意味で「私は，あなたは今宿題をすべきだと思います」となるので同じ用法と言える。アの that は形容詞のあとの節。「きっと彼女はお母さんの手伝いをしなければならないと思います」。イは「あの」の意味。「あのバスがどこへ行くのか私に教えてください」。エの that は「あれ」の意味で「これとあれではどちらの本が私たちにとって良いですか」。

(2)「これらはこの島で見つけられる動物の写真です」**下線部は animals を修飾する過去分詞であり，イ**「『東京タワー』という名前の塔がそのとき最も高かったのです」の named が同じ用法。ア「ケンはやさしくて，みんなから愛されています」の loved は is とともに受け身。ウ「彼女は両親と何度もロンドンに行ったことがあります」の been は現在完了をつくる過去分詞。エ「メアリーはその小説を読んだあと，興奮のあまり眠れませんでした」の excited は形容詞で文の補語。

3 (1) **working** (2) **rising** (3) **lost**
　(4) **hit** (5) **I'm** (6) **how**

解説 (1)「姉←ロンドンで働いている (work)」という形にする。**sister と work は能動の関係**なので **working を入れる。**
(2)「昇っている (rise) →太陽」という形にする。**sun と rise は能動の関係**なので **rising。**
(3)「なくした (lose) →カギ」という形にする。**key と lose は受け身の関係**なので **lost。**
(4)「町←台風に襲われた (hit)」という形にする。towns と hit は受け身の関係。**hit は過去形・過去分詞とも hit。be worried about ～「～を心配する」**
(5)「残念ながら」は「私は残念に思う」という意味なので **I'm** を入れる。
(6) 天気をたずねる言い方は **How is the weather?** で表すので疑問詞 how を入れる。間接疑問が show の目的語になっている。

4 (1) **us that** (2) **how, takes**
　(3) **taken by** (4) **doing, is**
　(5) **playing, is**

解説 (1)「その街にはたくさんの有名な場所があります。あなたは私たちにそれについて教えてくれますか」→「あなたは私たちにその街にたくさんの有名な場所があることを教えてくれますか」〈**tell＋目的語 (人)＋that ～**〉の形で表す。
(2)「駅までどのくらいかかりますか。私はそれを知りたいです」→「私は駅までどのくらいかかるか知りたいです」間接疑問が know の目的語になるので，〈疑問詞＋主語＋動詞～〉の語順になる。動詞に3単現の s を忘れないようにする。
(3)「私の父が先週この写真をとりました」→「これは私の父によって先週とられた写真です」

This is a picture で文が始まっているので「これは私の父によって先週とられた写真です」という意味の文にする。taken by (my father last week) が picture を修飾する形にする。

(4)「その少年はユウコの兄 [弟] です。彼は宿題をしています」→「宿題をしている少年はユウコの兄 [弟] です」

2文目の He は1文目の The boy を指す。したがって doing his homework が The boy を修飾する形にする。

(5)「あの少年は私の息子です。彼は彼のお姉さん [妹] と遊んでいます」→「お姉さん [妹] と遊んでいるあの少年は私の息子です」

2文目の He は1文目の That boy を指す。したがって playing with his sister が That boy を修飾する形にする。

5 (1) We were surprised to see some flying things.
(2) There were a lot of books written in English
(3) Can you see the little birds eating rice over
(4) Do you know the man walking his dog?
(5) She believes that we will win the game.

解説 (1)「～して驚く」は be surprised to ～ で表す。「飛行物体」は flying things で〈分詞＋名詞〉の語順になる。「飛んでいる物」と考えると現在分詞が適するので flown という過去分詞が不要。

(2) 語群にある there, were から **there 構文**だと考えられる。「本がたくさんありました／英語で書かれた (本) ／その図書館には」という順で組み立ててみると、「本がたくさんありました」は There were a lot of books,「英語で書かれた (本)」は (books) written in English,「その図書館には」は (in the library) となる。

(3)「あなたには小鳥たちが見えますか／お米を食べている (小鳥たち) ／あそこで」の順で英文を組み立ててみる。「あなたには小鳥たちが見えますか」は Can you see the little birds,「お米を食べている (小鳥たち)」は (the little birds) eating rice,「あそこで」は **over (there)** となる。

(4)「散歩させている」は現在分詞で表し、〈名詞＋

現在分詞～〉の語順で前の名詞を修飾する。is が不要。

(5)〈主語＋動詞〉＋that 節の文。that 以下も主語と助動詞が続くので語順に注意する。

12 関係代名詞(1)―who, which, that

p.86～87 基礎問題の答え

1 (1) **which** (2) **who** (3) **which**
(4) **who** (5) **which**

解説 先行詞が人なら **who**, ものや動物なら **which** を用いる。

(1)「私は写真入りの学生証を持っています」
先行詞が a student card なので、関係代名詞は **which**。

(2)「この村に住んでいる人々の数は減少しています」
先行詞が people なので、関係代名詞は **who**。

(3)「この町には学校の建物よりも高い建物はほとんどありません」
先行詞が few buildings なので、関係代名詞は **which**。

(4)「あそこで人形で遊んでいる女の子を知っていますか」
先行詞が that girl なので、関係代名詞は **who**。

(5)「あの尾っぽの長い鳥が見えますか」
先行詞が that bird なので、関係代名詞は **which**。

2 (1) **is** (2) **have** (3) **saved**
(4) **visited** (5) **works**

解説 主格の関係代名詞節の動詞の形は先行詞に一致させる。

(1)「彼は若者の間でとても人気のある歌手です」
who が主語で、その先行詞は a singer。動詞は a singer に合わせて **is** とする。

(2)「色鮮やかな皮を持つへびは危険なことが多いです」
that が主語で、その先行詞は Snakes。動詞は Snakes に合わせて **have** とする。

(3)「私の息子を救ってくれた人は、強くて勇敢でした」
who が主語で、その先行詞は The person。動詞は The person に合わせるが、ここは過去時制なので **saved** を選ぶ。

(4)「先週ケンを訪ねてきた女性を覚えていますか」
who が主語で，その先行詞は the woman。動詞は the woman に合わせるが，訪ねてきたのは過去なので **visited** を選ぶ。
(5)「スズキさんは街の病院で働く医師です」
who が主語で，その先行詞は a doctor。動詞は a doctor に合わせて **works** とする。

3 (1) **who[that]** (2) **which[that]**
　　(3) **who[that]** (4) **that**

解説 関係代名詞を使って2文を1文にするときは，2文に共通する名詞を探し，それを先行詞として一方の文をもう一方の文につなげる。
(1)「あの少年を知っていますか。彼はケンと話をしています」→「ケンと話をしているあの少年を知っていますか」
2文に共通するのは that boy と He。that boy を先行詞とし，He を関係代名詞 **who[that]** にかえる。
(2)「私は野球チームに所属しています。その野球チームには30人以上のメンバーがいます」→「私は30人以上のメンバーがいる野球チームに所属しています」
2文に共通するのは a baseball team と The baseball team。a baseball team を先行詞とし，The baseball team を関係代名詞 **which[that]** にかえる。
(3)「男性が私に話しかけてきました。彼は手に東京の地図を持っていました」→「東京の地図を手に持った男性が私に話しかけてきました」
2文に共通するのは A man と He。A man を先行詞とし，He を関係代名詞 **who[that]** にかえる。
(4)「あの男性と犬を見てください。彼らは川沿いを歩いています」→「川沿いを歩いているあの男性と犬を見てください」
2文に共通するのは that man and his dog と They。that man and his dog を先行詞とし，They を関係代名詞 **that** にかえる。先行詞が〈人＋動物〔もの／事など〕〉の場合は **that** を使う。

4 (1) **who[that] is**
　　(2) **which[that] sells**
　　(3) **who[that] has**
　　(4) **who[that] have**
　　(5) **which[that] has**

解説 (1)「中国語を話せる人」は a person who [that] is able to speak Chinese となる。
(2)「イギリス製のペンを売っている店」は a store which[that] sells pens made in the U.K. と表せる。
(3)「いくつかの賞を受賞したことがある有名な作家」は a famous writer who[that] has won several awards で表せる。この現在完了は経験。
(4)「アメリカへ行ったことがある友だち」は friends who[that] have been to the U.S. で表せる。この現在完了は経験。
(5)「公園がたくさんある町」は a town which[that] has a lot of parks で表せる。

5 (1) あなたのくつを盗んだ犬
　　(2) 英語に興味のある生徒
　　(3) 世界中を旅する写真家
　　(4) 公園に行くバス
　　(5) 月面を歩いた人物を

解説 (1) この文の補語になる the dog that stole your shoes の部分を訳す。**stole は steal**（～を盗む）の過去形。
(2) for の目的語になる students who are interested in English の部分を訳す。
(3) この文の補語になる a photographer who travels around the world の部分を訳す。**around the world** は「世界中を」。
(4) この文の主語になる The bus that goes to the park の部分を訳す。
(5) この文の補語になる the person who walked on the moon の部分を訳す。

p.88〜89　標準問題の答え

1 (1) ア (2) イ (3) イ (4) ウ (5) エ (6) ア

解説 (1)「私はとても速く走れる犬を飼っています」
先行詞が a dog なので関係代名詞は **which[that]**。エは is が run とつながらない。
(2)「ホワイトさんと歩いているあの女性はだれですか」
先行詞が that lady なので関係代名詞は **who [that]**。アは are が不適切。
(3)「これは私たちを幸せにしてくれる映画です」
先行詞が a movie なので関係代名詞は **which[that]**。エは make に3単現の -s が必要。
(4)「『アンの家』はおいしいピザで有名なレストランです」

先行詞が a restaurant なので関係代名詞は **which[that]**。エは are が不適切。

(5)「ブラウンさんはその島の近くに住む海洋動物を研究しています」

先行詞が marine animals なので関係代名詞は **which[that]**。アとイは lives が不適切。

(6)「日本で最も長い川の名前を知っていますか」

先行詞が river なので関係代名詞は **which[that]**。イとエは are が不適切。

2 (1) **know the boys who[that] play baseball in the park**
(2) **are pictures of my friends who[that] live in**
(3) **who[that] has just come in is my**
(4) **which[that] are made in that country are**
(5) **more and more young people who[that] study**
(6) **magazines which[that] have many articles about**

解説 (1)「その少年たちを知っていますか。彼らは公園で毎日野球をしています」→「公園で毎日野球をしているその少年たちを知っていますか」

2文に共通するのは the boys と They。**the boys** を先行詞にする。

(2)「これらは私の友だちの写真です。彼ら[彼女たち]はニューヨークに住んでいます」→「これらはニューヨークに住んでいる私の友だちの写真です」

2文に共通するのは my friends と They。**my friends** を先行詞にする。

(3)「その背の高い男性は私の先生です。彼はちょうど中に入ってきました」→「ちょうど中に入ってきた背の高い男性は私の先生です」

2文に共通するのは The tall man と He。**The tall man** を先行詞にする。

(4)「コンピューターがその国でつくられています。それらは安いです」→「その国でつくられているコンピューターは安いです」

2文に共通するのは Computers と They。**Computers** を先行詞にする。

(5)「ますます多くの若者がいます。彼らは留学します」→「留学する若者がますます多くなっています」

2文に共通するのは young people と They。**young people** を先行詞にする。

(6)「私は科学に関するたくさんの記事がある雑誌が好きです」

with を関係代名詞と動詞 have「〜がある」に書きかえる。

3 (1) **who[that] lives**
(2) **which[that], mine**
(3) **which[that] were**
(4) **who[that] spoke**

解説 関係代名詞節の時制に注意すること。

(1)「私には札幌(さっぽろ)に住んでいる姉[妹]がいます」

living を who[that] lives で書きかえる。

(2)「私の車は向こうにとめています」→「向こうにとめてある車は私のものです」

2つ目の＿＿の前に is があることに注意。1つ目の＿＿に関係代名詞を入れて「向こうにとめてあるその車」とし，補語に mine「私のもの」を入れる。

(3)「ジュディは日本でつくられた人形をたくさん持っています」

made を which[that] were made で書きかえる。

(4)「昨日私と話していた背の高い女性は私の先生です」

speaking を who[that] spoke で書きかえる。

4 (1) **This is the book that made her sad.**
(2) **there are a lot of temples which were built hundreds of years ago**

解説 (1)「これは本です／彼女を悲しくさせた（本）」と考えて語を並べていく。「彼女を悲しくさせた本」は the book that made her sad とする。

(2)「京都にはお寺が多数あります／何百年も前に建てられた（寺）」と考えて語を並べていく。「何百年も前に建てられた寺」は temples which were built hundreds of years ago。

5 (1) **is the woman who is wearing a white shirt**
(2) **a lunch box which is covered with a red handkerchief**

解説 (1)「ヨウイチロウはジョンソンさんに会いたいのですが，あまりにたくさんの人がいるため彼女を見つけられません。彼が彼女を見つける手助けをしてあげてください。」

35

あなた：「彼女は白いシャツを着ている女性ですよ」
She に続くのは **is**。このあとを wearing ... とするとあとが続かないので，She is the woman とし，who is wearing a white shirt が the woman を修飾する形にする。

(2)「あなたは弁当箱をなくしました。それは赤いハンカチに包まれています。クラスメートにそれについてたずねましょう」
あなた：「赤いハンカチに包まれている弁当箱をだれか見ましたか」
語群からまず is covered with a red handkerchief をつくる。その主語を関係代名詞 **which**，先行詞を **a lunch box** にすれば完成。

13 関係代名詞(2)— which, that

p.92〜93 基礎問題の答え

1 (1) **which[that]** (2) **that**
  (3) **which[that]** (4) **that**

[解説] 目的格の関係代名詞は，先行詞がものなら **which[that]** を使う。なお，目的格の関係代名詞は省略が可能。
(1)「これは彼が書いた手紙です」
先行詞が a letter なので **which[that]** を入れる。
(2)「あちらがあなたが昨日会った男性ですか」
先行詞が the man なので **that** を入れる。
(3)「ケンが飼っている犬はとても大きいです」
先行詞が The dog なので **which[that]** を入れる。
(4)「私が昨日助けた年配の女性はジムの祖母です」
先行詞が The old lady なので **that** を入れる。

2 (1) **which[that]** (2) **that**
  (3) **that** (4) **which[that]**

[解説] (1) 先行詞が the book なので **which[that]** を入れる。
(2) 先行詞が my friend なので **that** を入れる。
(3) 先行詞が an American なので **that** を入れる。
(4) 先行詞が an umbrella なので **which[that]** を入れる。

3 (1) **all, that** (2) **oldest, that**
  (3) **only, that** (4) **that**

[解説] 先行詞に形容詞の最上級，**the first**，**the**

only, all, every などがつく場合，関係代名詞は **that** が使われることが多い。
(1)「私が持っているすべての本」を all the books that I have で表す。先行詞に **all** がつくので関係代名詞は that を使う。
(2)「私が今まで会った中で最年長のランナー」を the oldest runner that I have ever seen で表す。先行詞に最上級の形容詞がついているので，関係代名詞は that にする。
(3)「1キロメートル以上泳ぐことができるただ1人の少年」を the only boy that can swim over 1 kilometer で表す。先行詞に **only** がついているので関係代名詞は that にする。
(4)「私のためにあなたがしてくれたすべてのこと」を everything that you have done for me で表す。**everything** が先行詞なので，関係代名詞は that。

4 (1) ○ (2) × (3) ○ (4) × (5) ○

[解説] (1)「これはあなたがロンドンで買った本ですか」
この which は bought の目的語にあたるので目的格。目的格の関係代名詞は省略可能。
(2)「私は医者になりたい女の子を知っています」この who は wants の主語にあたるので主格。主格の関係代名詞は省略不可。
(3)「彼女がパーティーで会った少年少女らは私の友だちです」
that は目的格の関係代名詞なので省略可能。
(4)「1万ドル以上の車は必要ありません」
この which は is の主語にあたるので主格。
(5)「私のおじがくれた本のうち1冊をあなたに見せましょう」
この that は gave の目的語にあたる。目的格なので省略可能。

5 (1) **which** (2) **that** (3) **that**
  (4) **which** (5) **that**

[解説] (1)「私の父はドアが2つの車を持っています」
先行詞は a car でものであり，( ) のあとには動詞が来ているので，主格の関係代名詞 **which** を選ぶ。
(2)「これは私の兄 [弟] がかいた最初の絵です」
先行詞に the first がついているので関係代名詞 **that** を選ぶ。
(3)「私は大統領になりたかった男性について話すつもりです」

先行詞は a man で人であり，（　）のあとには動詞が来ているので，主格の関係代名詞 that を選ぶ。

(4)「彼女がヨーロッパ旅行中に私に送ってくれたはがきはどれも美しいです」

先行詞は The postcards でものであり，カッコのあとには〈主語＋動詞〉が続いているので，**目的格の関係代名詞 which** を選ぶ。

(5)「こちらは歌うことが好きな女の子です」

先行詞は the girl で人であり，カッコのあとには動詞がきているので，**関係代名詞 that** を選ぶ。

6 (1) which［that］　(2) who［that］
　　(3) who［that］　　(4) which［that］

解説 (1)「これは写真です。私はこの写真をニューヨークでとりました」→「これは私がニューヨークでとった写真です」

2文に共通するのは a picture と the picture。**a picture** を先行詞とする目的格の関係代名詞を入れる。

(2)「私は友だちに手紙を書くつもりです。その友だちはイングランドに住んでいます」→「私はイングランドに住む友だちに手紙を書くつもりです」

2文に共通するのは a friend と The friend。**a friend** を先行詞とする主格の関係代名詞を入れる。

(3)「私たちはもっと多くの人が必要です。その人たちは私たちの町をきれいにする手伝いをしてくれるでしょう」→「私たちは，私たちの町をきれいにする手伝いをしてくれるもっと多くの人が必要です」

2文に共通するのは people と They。**people を先行詞とする主格の関係代名詞を入れる。**

(4)「この町には多くのよい場所があります。あなたはその場所を気に入るでしょう」→「この町にはあなたが気に入るであろうよい場所がたくさんあります」

2文に共通するのは many good places と the places。**many good places** を先行詞とする目的格の関係代名詞を入れる。

p.94〜95　標準問題の答え

1 (1) which［that］　(2) that
　　(3) that　　　　　(4) which［that］

解説 (1)「これはケーキです。私はそれを昨日作りました」→「これは私が昨日作ったケーキです」

先行詞が the cake なので関係代名詞 which か that を入れる。

(2)「そのようなおもしろい映画を見たことがありません」→「これは私が今まで見た中で最もおもしろい映画です」

先行詞に最上級の形容詞がつくときは関係代名詞 **that** を使う。

(3)「ある女性が私に話しかけました。私は彼女を知りませんでした」→「知らない女性が私に話しかけました」

主語は A lady，動詞は spoke なので，2文に共通するのは A lady と her。A lady を先行詞にして I didn't know が A lady を修飾する形にする。

(4)「去年，あなたは私の誕生日に花を買ってくれました。それらはとても美しかったです」→「去年あなたが私の誕生日に買ってくれた花は，とても美しかったです」

＿＿のあとが〈主語＋動詞〉になっているので，目的格の関係代名詞を入れる。

2 (1) 10年前に会ったその男の子のことを覚えていますか
　　(2) いちばん好きな動物はコアラです
　　(3) 私に買ってくれた辞書はとても役に立ちます
　　(4) 彼女が書いた最も有名な本です
　　(5) あなたにたずねたかったすべてのことです

解説 (1) the boy を that 以下が修飾している文。

(2) 文の主語 The animal を (which［that］) I like the best が修飾している文。

(3) 文の主語 The dictionary を (which［that］) my father bought for me が修飾している文。

(4) the most famous book を that 以下が修飾している文。先行詞に最上級の形容詞がついているので関係代名詞は that が使われている。

(5) all を that 以下が修飾している文。**all は文脈**に応じて「すべてのこと〔もの〕」などと訳す。

3 (1) ③　(2) ②　(3) ④　(4) ④

解説 (1)「ただ歩き続けなさい。そうすればすぐにあなたが訪れたことのあるお寺が見つかります」

先行詞が the temple なので関係代名詞は who ではなく **which［that］**。この関係代名詞は省略可能。

(2)「先日あなたが話していたレストランを見つけました」

先行詞が the restaurant なので関係代名詞は **which［that］**。この関係代名詞は省略可能。

(3)「彼が設計した家や庭は美しいです」

この文の主語は The houses and gardens なので, 動詞は is ではなく **are** とする。

(4)「ジョージは日本で勉強することを計画している唯一の生徒です」

that は関係代名詞で先行詞は the only student。単数名詞なので動詞は **is** にする。

---

4 (1) **The book I read was more interesting than this one.**

(2) **Where is the watch which my grandmother gave me?**

(3) **This is the only bus that goes to the library.**

(4) **woman you met the day before yesterday is**

(5) **the title of the book I read**

解説 (1)「私が読んだ本」は the book I read で表せる。これを主語にした比較級の文をつくる。

(2)「祖母が私にくれた時計」は the watch which my grandmother gave me で表せる。これを主語にした **where** の疑問文をつくる。

(3)「〜行く唯一の…」は the only ... that goes to 〜で表せる。

(4)「おととい」は the day before yesterday。「あなたがおととい会った女性」は the woman you met the day before yesterday となる。

(5)「読んだ本のタイトル」は the title of the book I read となる。

---

5 (1) **which[that], speak**

(2) **have never seen**

(3) **you[we] have**

(4) **the farmer, are**

解説 (1)「英語は多くの人々によって話されている言語です」→「英語は多くの人々が話している言語です」

a language 以下を受け身から能動態に書きかえる。最初の___には主格の関係代名詞が必要。2つ目の文では a language のあとに目的格の関係代名詞が省略されている。

(2)「これは私が今まで見た最も大きな犬です」→「私はこれほど大きな犬を見たことがありません」

the biggest dog that I have ever seen は「私が今まで見た最も大きな犬」という意味。これを「そ

んなに大きな犬は見たことがない」という内容に書きかえる。

(3)「今まずすべきことは, 正しいことをすることです」→「今しなければならない最初のことは, 正しいことをすることです」

The first thing to do は「最初にすべきこと」。to do を関係代名詞を用いて書きかえる。___の数とそのあとの to から have to を使うので, 関係代名詞は省略する。

(4)「その農家によって栽培されたリンゴほどおいしいリンゴは他にありません」→「その農家が栽培するリンゴが最もおいしいです」

比較級を用いた最上級の表現を, 最上級で書きかえる。「その農家で栽培されたリンゴ」を「その農家が栽培するリンゴ」と考える。

---

p.96〜99 **実力アップ問題**の答え

1 (1) ア (2) イ (3) イ (4) ア (5) ア

2 (1) **which** (2) **What**
(3) **who** (4) **that** (5) **when**

3 (1) **Who** (2) **bought[got]** (3) **that**
(4) **that** (5) **which[that]**

4 (1) オ (2) イ (3) エ (4) ア (5) ウ

5 (1) **who[that] has** (2) **uncle living**
(3) **why, has** (4) **I bought**

6 (1) **you know where he is from**

(2) **The book you lent me yesterday was really interesting.**

(3) **The lady I wanted to meet was not**

(4) **The boys who are running after a cat are my brothers.**

7 (1) イ

(2) **when they should begin to give**

(3) 彼にはおこづかいをもらっている友だちがいるかもしれない

(4) ウ (5) エ

解説 **1** (1)「ハヤシさんはすばらしい音楽家として知られている男性です」「知られている」は過去分詞 **known** を使って表す。

(2)「あなたは彼が何回ニューヨークに行ったことがあるか知っていますか」many times と has been to があることから「何回行ったことがあるか」という文とわかる。回数をたずねるときは **how many times** を使う。

(3)「この手紙は東京に住んでいる私の友人の1人からです」
空所のあとに動詞がきているので主格。

(4)「まだ1度も行ったことがない国がたくさんあります」
I've never 以下は many countries を先行詞とする関係代名詞節だと考えると意味が通る。

(5)「警察は彼が事実[真相]を知っている唯一の人物だと考えています」
空所のあとに動詞がきているので主格。先行詞に the only がついているので関係代名詞 that。

2 (1)「とても長い鼻を持っている動物の名前は何ですか」
空所のあとが動詞なので主格の関係代名詞。

(2)「私たちはそこへ何時に着くとあなたは思いますか」
空所のあとに time があることから「何時」とわかる。

(3)「最近この村に引っ越してきた男性を見たことがあると思います」
空所のあとが動詞なので主格の関係代名詞。

(4)「彼女はその山に登った最初の女性です」先行詞に **first** がついてる時は関係代名詞は **that** を用いる。

(5)「あなたはいつパーティがはじまるか知っていますか」「はい。2時です」
応答から「いつはじまるか」を聞いているとわかるので，when を入れる。

3 (1)「だれだと思いますか」なので，疑問詞 **who** で始める。

(2)「どこで買ったのか」は間接疑問で know の目的語になっている。「買う」の動詞 buy[get] は過去形にして bought[got] で表す。

(3) are sitting 以下は that girl and dog を修飾していると考えられるので，関係代名詞 **that** を入れる。

(4) you have ever seen は the most expensive picture を修飾していると考えられるので，関係代名詞 **that** を入れる。

(5) my brother works for は The restaurant を修飾していると考えられるので，**関係代名詞 which[that]** を入れる。

4 (1)「いちばん近い郵便局がどこか教えてくださいますか」
Could you ～? は相手に何かを依頼する言い方。

(2)「私たちはどこでタクシーをつかまえることができると思いますか」
we can get a taxi と普通の文の語順になっている点に着目する。疑問詞のあとに置かれる do you think が適する。

(3)「私が若いころに住んでいた家はとても大きくて古かったです」
空所がなくても文は完全なので，空所には修飾語の働きをするものが入る。

(4)「彼はみんなに知られている英語の先生です」
空所のあとの to に着目する。**ア** を選び **be known to ～**「～に知られている」の表現をつくり，an English teacher を who の先行詞とする。

(5)「私はかつては120万人の人口があった街で生まれました」
空所のあとの1.2 million を手がかりに**ウ**を選び，a city を that の先行詞とする。

5 (1)「私はその長い髪の女の子を知りません」
with long hair を関係代名詞を用いて書きかえる。主格の who に has を続ける。

(2)「私には中国に住んでいるおじがいます」
関係代名詞を使った who lives を，現在分詞を使って **uncle** を修飾する形にする。

(3)「彼女はパリに行ってしまいました。あなたはその理由を知っていますか」→「あなたは彼女がなぜパリに行ってしまったのか知っていますか」
the reason「その理由[わけ]」を疑問詞の why を使った間接疑問の形にする。

(4)「私は昨日，そのかばんを買いました。私はそれを気に入っています」→「私は昨日買ったかばんを気に入っています」
元の文の2文目の it は the bag のこと。**the bag を I bought** が修飾する形にする。

6 (1)「あなたは知っていますか／彼がどこの出身か」と考える。「彼がどこの出身か」は where he is from で，これを **know** の目的語にする。

39

(2) the book was really interesting「本はとても
おもしろかったです」の the book を you lent
me yesterday「あなたが昨日貸してくれた」が
修飾する形にする。

(3) the lady was not (at home)「その女性は不在
でした」の the lady を I wanted to meet「私が会
いたかった」が修飾する形にする。

(4) the boys are my brothers「男の子たちは私の
弟です」の the boys を are running after a cat
「ネコを追いかけている」が修飾する形にする。

7 (1)「両親が子どもたちに与えることができる経
験」という意味で，experience が先行詞で give の
目的語になるので目的格の関係代名詞が入る。**関係
代名詞 that** が適する。

(2) when と should から「いつ～すべき［したらい
い］か」という間接疑問になると考える。when
they should begin to give の語順にする。

(3) receive は「～を受け取る」という意味。one は
allowance「おこづかい」を指す。

(4) 空所のあとに動詞がきているので関係代名詞は
主格。空所の前の some は some children だと考
えられるので，who を入れる。

(5) 選択肢は，**ア**「彼はキャンディーもおもちゃも
手に入れることができる」，**イ**「彼はキャンディー
を手に入れることができるが，おもちゃは手に入れ
られない」，**ウ**「彼はおもちゃを手に入れることが
できるが，キャンディーは手に入れられない」，
エ「彼はキャンディーとおもちゃの両方を手に入れ
ることはできない」。前文が「今週キャンディーを
手に入れるか，あるいはおこづかいを2週間ためて
おもちゃを買うことができる」という内容。つまり，
手にできるのはキャンディーかおもちゃのどちらか
なので**エ**が正解。**not ～ both A and B で「A も
B も両方とも～というわけではない」。**

全訳 おこづかいは家族の収入における子どもの取
り分だということができる。おこづかいを学習のた
めの道具だと考えれば，それは両親が子どもたちに
与えることができるよい経験だ。おこづかいは子ど
もたちにお金の使い方を教えることができる。また，
彼らが買うものに対していちばん価値があるものを
得る方法を教えることができる。

　多くの子どもたちは最初，間違いをし，愚かな買
い物をしてしまう。おこづかいをもらうとすぐにそ
れをすべて使うために飛び出していく子どももいる。
彼らはお金を使ってしまったら，数日間はお金がな

いのだということを忘れている。そのような経験か
ら，子どもたちは賢く選び，注意深くお金を使う方
法を学ぶことができる。

　親たちはいつおこづかいを与えればよいかを知っ
ておく必要がある。子どもは学校に入ったら，おこ
づかいをほしがるかもしれない。おこづかいをもら
っている友だちがいるかもしれない。親がおこづか
いを与えることについて考えるのによい時期は，子
どもたちがアイスクリームやキャンディーなどを
日々求めるようになるころかもしれない。これは子
どもがお金の価値を知るのに役立つだろう。

　まず，子どもたちはおこづかいを半分だけ受け取
るが，週2回もらえるようにしてもいいかもしれな
い。これは，1週間は長すぎると感じている子ども
には役に立つ。その子はすぐに，今週キャンディー
バーを2本買うこともできるし，あるいは2週間お
金をためてからおもちゃを買うこともできることを
理解するだろう。その子はキャンディーとおもちゃ
の両方とも手に入れることができないことを学ぶの
だ。

　賢い親は子どもの買い物をコントロールしようと
しないだろう。子どもたちが自分たちのお金を使っ
て自分の責任で間違いをすれば，その間違いから学
ぶことができるのだ。おこづかいは，子どもが何か
悪いことをしても取り上げられるべきではない。ま
た，おこづかいは家事を手伝ったごほうびだと考え
るべきでもない。

定期テスト対策

❶間接疑問は，そのルールは知っていても，うっ
かりミスをしやすいところ。〈Do you know＋
疑問詞＋主語＋動詞？〉と〈疑問詞＋do you
think＋主語＋動詞？〉という2つの形をしっ
かり頭にたたきこむこと。

❷名詞を修飾する分詞は語順に気をつけよう。
〈分詞＋名詞〉，〈名詞＋分詞～〉の語順のちが
いや，現在分詞・過去分詞の使い分けもテスト
で試される。

❸関係代名詞は，文を長く，複雑にする要素だが，
働きとしては名詞を修飾する形容詞と同じ。つ
まり，関係代名詞の節がなくても，文が成立す
ることになる。長くて複雑な文が出てきたら，
どこからどこまでが関係代名詞節かを確認し，
該当部分はカッコでくくるなどして，まずは文
の基本的な構造を把握(はあく)しよう。

❶関係代名詞を用いた複雑な文の構造を把握する際に気をつけたいのが，省略されることがある目的格の関係代名詞。〈名詞＋名詞＋動詞〉という順番で語句が並んでいたら，〈先行詞＋（省略された関係代名詞＋）主語＋動詞〉の可能性を検討してみよう。

14 仮定法

p.102〜103 基礎問題の答え

1 (1) ウ　(2) イ　(3) エ　(4) ア

解説 (1)「もし私が羽を持っていたら，空を飛ぶことができるのに」could に着目し，過去形の had を選ぶ。
(2)「もし彼が生きていれば，彼と話ができるのに」alive は「生きている」という形容詞なのでその前は be 動詞。仮定法のときは **were** を用いる。
(3)「あなたと同じくらいテニスが上手にできればいいのに」**I wish** は現実ではないことを願望するいい方で仮定法の１つ。助動詞を過去形にする。
(4)「あなたが私の兄［弟］ならいいのに」be 動詞の過去形 were を用いる。

2 (1) 金持ちなら，大きな家が買えるのに
(2) もし彼が私たちのチームの一員なら
(3) もし私がどこに彼が住んでいるか知っているなら，すぐに彼をたずねるだろうに。
(4) 行くことができればいいのに

解説 (1)(2)(3)〈If＋主語＋動詞の過去形，主語＋助動詞の過去形〜.〉は仮定法で「もし〜なら，…なのに」という意味になる。
(4) **I wish 〜.** も仮定法の１つで現在の事実ではないことを願望する言い方で「〜ならいいのに」と訳す。

3 (1) ア　(2) オ　(3) ウ　(4) イ　(5) エ

解説 (1)「ニューヨークであなたに会えればいいのに」
(2)「もし私があなたの父親なら，それをすべきではないとあなたに言うだろう」
(3)「もし明日彼がここに来たら，私たちはうれしい」この文はありえないことや事実ではないことを言っているわけではないので仮定法は用いない。単なる未来の **will** を用いた文を選ぶ。

(4)「もし庭があれば，花を育てるのに」「実際は庭がないので，花を育てることができない」という意味を含んでいる。
(5)「今日晴れなら，私たちはその川で釣りに行くことができるのに」「晴れていないので私たちはその川で釣りに行くことができない」という意味を含んでいる。

4 (1) **would**　(2) **could**　(3) **were**
(4) **wish**

解説 (1) 仮定法の文。will の過去形 would を入れる。**in one's place**「〜の立場で」
(2)「話せるのに」は仮定法で表す。can の過去形 could を入れる。
(3) 仮定法なので were を用いる。
(4)「〜ならいいのに」と願望を表すときは〈**I wish** ＋主語＋動詞［助動詞］の過去形〜.〉の形を用いる。

5 (1) **were, could**　(2) **I had**
(3) **If, would**

解説 現在の事実を述べた文と仮定法の文。事実ではないことを仮定法で表す。
(1)「私は年を取っている，だからそんな高い山々には登れません」→「もし私が年を取っていなければ，そんな高い山々に登れるだろうに」
(2)「私は今週休みがありません。何日かほしいです」→「今週何日か休みがあったらいいのに」現在の事実に反したことを望むので，「あれば」と have の過去形 had を用いる。
(3)「彼は病気なのでパーティーには来ません」→「もし病気でないなら，彼はパーティーに来るだろうに」If 〜 で始め，〈主語＋助動詞の過去形〉で表す。事実の文に can't が使われていたら could になるがここでは would を使う。

p.104〜105 標準問題の答え

1 (1) **were, could**　(2) **If, would**
(3) **wish, were**　(4) **wish, were**

解説 (1)「今は夏ではないので海で泳げない」の意味を含んだ仮定法。動詞や助動詞の過去形を用いる。
(2)「もし〜なら…なのに」は仮定法。「もし」の if と「だろう」の will の過去形 would を入れる。exist「存在する」，rescue「救出する」，in danger「危険な状態に［の］」

(3)「〜ならいいのに」は〈I wish＋主語＋(助)動詞の過去形[were]〜.〉で表す。

(4)〈There is[are]...＋場所〉「〜に…がある」という文を仮定法にするときも，is[are]をwereにすればよい。

2 (1) ア　(2) ウ

解説 事実と仮定法は反対の関係になる。

(1)「今日は雨です。だからサッカーの試合は行われません」→「今日雨でなければ，サッカーの試合は行われるだろうに」事実が肯定文なら仮定法は否定文にする。「雨だ」→「雨でないなら」，「開催されない」→「開催されるだろう」イ，エは仮定法になっていない。ウはifの節と主節の内容が逆になっている。アが適する。

(2)「彼は今すぐあなたに会うことができません，なぜなら彼は病気で寝ているから」→「もし彼が病気で寝ていないなら，彼は今すぐあなたに会えるのに」because以下の「彼は病気で寝ているので」がifの内容になるので，ウの「もし彼が病気で寝ていないなら」を選ぶ。

3 (1) **were, could**
　(2) **Because[As / Since], doesn't**
　(3) **had, wouldn't**

解説 (1)「私は数学が得意ではありません，だからこの難しい質問に答えることができません」→「もし私が数学が得意なら，この難しい質問に答えることができるのに」仮定法で表すのでam notをwereに，can'tをcouldにかえる。

(2)「もし彼があなたの電話番号を知っているなら，彼はあなたに電話をするだろうに」→「彼はあなたの電話番号を知らないので，あなたに電話をしません」仮定法を，事実を表す文にかえる。「〜なので」と理由を表す接続詞becauseまたはasかsinceを用いる。

(3)「私はここに友だちがいません。だから寂しく感じます」→「もしここに友だちがいれば，私は寂しく感じないのに」動詞haveの過去形と，「〜だろう」のwouldの否定wouldn'tを入れる。

4 (1) **I wish you were our teammate.**
　(2) **I knew how to use magic, I could repair this**

(3) **I were you, I wouldn't do such a foolish**

(4) **I didn't have many things to do today**

解説 (1)「〜ならいいのに」は〈I wish＋主語＋動詞の過去形[were]〜.〉で表す。

(2)「もしAならBなのに」はIf A, B.で表しAの文とBの文の間を〈,〉(コンマ)で区切るのを忘れずに。「〜の仕方」はhow to 〜，「〜をなおす」はrepair 〜で表す。

(3)「もし私があなたなら」はIf I were you，「そんなばかなこと」はsuch a foolish thingで表す。

(4)「たくさんのやること」は不定詞を用いて，many things to doで表し，「〜ならいいのに」は〈I wish＋主語＋動詞の過去形〉で表す。

5 (1) **I wish I could fly like a bird.**
　(2) **If I were a teacher, I would not [wouldn't] give so much homework.**
　(3) **If you had a robot, it would[could] be helpful for[to] you.**

解説 (1)「〜ならいいのに」は〈I wish＋主語＋(助)動詞の過去形[were]〜.〉で表す。「鳥のように」はlike a bird。

(2)「もし〜なら，…なのに」は仮定法〈If＋主語＋動詞の過去形，主語＋助動詞の過去形….〉で，「宿題を出す」はgive homeworkで表す。

(3)(2)と同じように仮定法を用いる。与えられているhelpfulは形容詞なので「それはあなたにとって助けになるだろう」は助動詞would[could]とbe動詞を使ってwould[could] be helpfulとする。

15 接続詞

p.108〜109　**基礎問題の答え**

1 (1) **and**　(2) **but**　(3) **when**
　(4) **if**　(5) **both**　(6) **and**　(7) **so**

解説 (1)「私はメアリーに手紙を書き，それをエアメール[航空便]で送りました」
「手紙を書いた」と「それを送った」という内容をつなぐので，andが適切。

(2)「彼女は家を早く出ましたが，学校に遅刻しました」

「家を早く出た」にもかかわらず「遅刻した」のだから，**but** が適切。

(3)「私が帰宅したとき，母は料理をしていました」
if と because は意味的に不自然。**when** を選び「私が帰宅したとき」とする。

(4)「十分な睡眠をとれば，気分がよくなるでしょう」
前半が未来の文，後半が現在の文になっている点に注意。**and, but, or** では意味が通らない。**if** を選び，「もし十分な睡眠をとれば」とする。

(5)「私はジムもテリーも知っています」
空所のあとの Jim and Terry に着目する。**both A and B** で「A も B も両方とも」という意味。

(6)「できる限り速く走りなさい。そうすればその電車に間に合いますよ」
〈命令文，＋and ～〉で「…しなさい，そうすれば ～」，〈命令文，＋or ～〉で「…しなさい，そうしないと ～」という意味。ここでは and を選ぶと意味が通る。**as ～ as possible** は「できるだけ ～」。

(7)「彼は食べすぎたので動けませんでした」
カッコのあとが that S couldn't ～ となっている点に注意。**so ... that S can't ～** で「とても…なので ～ できない」という意味。

---

2 (1) 彼女 [メグ] に電話をしたとき
(2) 体調が悪いので　(3) 行きたいけれども
(4) (もし) タクシーに乗れば　(5) そうしないと

解説 (1) **when** は時を表す接続詞で「～するとき」。
(2) **because** は理由を表す接続詞で「～だから」。
(3) **though** は譲歩を表す接続詞で「～だけれども」。
(4) **if** は条件を表す接続詞で「もし～ならば」。
(5) 〈命令文，＋or ～〉で「そうしないと」。

---

3 (1) **but**　(2) **that**　(3) **that**
(4) **before**　(5) **Though**
(6) **either**　(7) **not**

解説 (1) ＿＿＿ は「～だが」にあたる部分。but を入れる。文法的には though も可能だが，与えられている日本文の意味にならない。
(2) think は目的語に that ～ をとる。
(3) ＿＿＿ の前の so と，あとの couldn't に着目する。
(4) 発想力が必要。「～しないうちに」は「～する前に」ということなので **before** を入れる。
(5) ＿＿＿ は「～ですが」にあたる部分。**Though** を入れる。同意語の **Although** でもよい。But を入

れると，I don't like ... とつながらなくなるので注意。
(6)「A か B のどちらか」にあたる部分で，英文で **or** が使われていることから，**either** を入れる。
(7)「A だけでなく B も」にあたる部分で，英文で **only ～ but also** が使われていることから，not を入れる。

---

4 (1) ウ　(2) エ　(3) ア　(4) オ　(5) イ

解説 文の意味と時制に気をつけること。
(1)「私は宿題をしてからテレビを見ることを楽しみます」
After のあとが現在時制なので，過去時制の節はつなげられない。ウを選ぶ。
(2)「私の辞書が必要なときは貸してあげましょう」
同じ未来時制のアは意味的につながらない。未来の内容も現在形で表す **when** の条件文のエが正解。
(3)「最初の角を右に曲がってください。そうすれば，そのレストランが見つかります」
命令文で始まっている。アを選ぶと〈命令文，＋and ～〉「…しなさい，そうすれば ～」となり，意味の通る文になる。
(4)「ジョンは野生動物に興味があるといいました」
said に続くので過去時制を中心に検討する。オを選べば that ～ が said の目的語になり，意味的にも自然。この that は省略可能。
(5)「私は家を出る前にすべての明かりを消しました」
過去時制はイかオだが，that で始まるオは続けることができない。意味的にも自然なイを選ぶ。

---

p.110〜111 標準問題の答え

1 (1) イ　(2) エ　(3) イ　(4) ア　(5) イ　(5) ア

解説 (1)「あなたとトムがとても仲のよい友だちであることを知っています」
know は **that ～** を目的語にとる。
(2)「私がメアリーと話をしている間に，ジムは家に帰ってしまいました」アとイは前置詞なので不適切。ウは意味的に合わない。エが正解。**while** のあとは進行形になることが多い。
(3)「私はよい自転車を見つけたのですが，それはとても高価でした」
but は前の文とあとの文をつなぐので，ここでは不適切。意味から考えて**イ**が正解。

(4)「部屋に入る前にドアをノックしてください」

「ドアをノックする」と「部屋に入る」をつなぐ接続詞として適切なのは **before**。

(5)「他人には親切にしなさい, そうすれば彼らはあなたが困っているときに助けてくれるでしょう」

命令文で始まっている文。because 〜 も命令文に続けることはできるが, ここでは意味的に不自然。「そうすれば〜」の意味をつくる**イ**が正解。

(6)「私が出かける準備ができるまで, ここで待っていてください」

until は時を表す接続詞なので, 未来の内容も現在形で表す。ready は形容詞なので can のあとに直接置くことはできない。

2 (1) **after** (2) **Though** (3) **if**
(4) **If** (5) **couldn't** (6) **when**

解説 (1)「トムは寝る前に数学の勉強をしました」→「トムは数学の勉強をしてから寝ました」

before 前後の内容が, 書きかえる文では入れかわっているので, before は反対の意味の **after** にする。

(2)「ベンはまだ10歳(さい)ですが, とても上手にギターを弾(ひ)くことができます」

but を文頭に置いて2文をつなぐことはできない。**Though** を使う。**Although** でもよい。

(3)「あなたの助けがないと, 私はウサギを飼えません」

without「〜なしで」は if ... not 〜 でほぼ同じ内容を表すことができる。

(4)「そんなことを彼にいうな, そうしないと彼は本当に怒(おこ)るよ」→「そんなことをもし彼にいったら, 彼は本当に怒るよ」

「〜するな, そうしないと…」という内容を「もし〜したら…」という内容に書きかえる。

(5)「あの晩, 私はそのニュースにあまりに興奮していてよく眠れませんでした」**too ... to 〜** からの書きかえ。**so ... that** があるので, couldn't を入れる。

(6)「私の父は80歳で亡くなりました」

at the age of 〜 は「〜歳で」という意味。when 〜 years old で同じ内容を表せる。

3 (1) **It was so cold that**
(2) **Let's go as soon as Keiko comes**
(3) **Hurry up, or you won't catch the bus.**

(4) **be postponed if it rains**
(5) **speak not only English but also Chinese**
(6) **write a letter to me when you have time**

解説 (1) that と so に着目する。we weren't 〜以下につなぐため, **so ... that 〜** の文にする。

(2) soon, as, as に着目する。**as soon as** は接続詞的に用いられる表現で「〜するとすぐに」という意味。

(3)「急ぐ」は **hurry up**,「バスに間に合う」は **catch the bus**。hurry up を命令文にし, 〈命令文, ＋or 〜〉の文をつくる。

(4)「延期される」は **be postponed**。will のあとに動詞の原形を続ける。

(5)「AだけでなくBも」から, not only A but also B の文をつくる。ここでは A が English, B が Chinese になる。

(6)「時間があるとき」は **when you have time**,「〜に手紙を書く」は **write a letter to 〜**。Please write 〜で始まる命令文にする。

4 (1) **When it started[began] raining[to rain], I was running**
(2) **help me (to) wash the[my] car after[when] you finish your homework**
(3) **play tennis (together) if you are not[aren't] busy**
(4) **(that) either you or I am wrong**

解説 (1)「雨が降りはじめたとき」は天候を表す it を使って When it started[began] raining[to rain] とする。「私は公園を走っていました」は過去進行形を用いて I was running (in the park) となる。

(2)「車を洗うのを手伝ってくれない?」は「私が車を洗うのを手助けしてくれませんか」と考えて, (Can you) help me (to) wash the[my] car とする。「宿題が終わったら」は「宿題を終わらせたあと」と考えれば after you finish your homework,「宿題を終わらせたとき」と考えれば when 〜 となる。**未来時制にしないこと。**

(3)「もしあなたが忙(いそが)しくなければ」は you are busy を否定文にして頭に if を置き, **if you are not busy** とすればよい。「もし時間があれば」と考えれば if you have time とすることも可能。

(4)「A か B のどちらか」は either A or B を使って表す。なお either A or B が主語で使われている場合，動詞は B に合わせる。

16 前置詞

p.114〜115 基礎問題の答え

1 (1) **at**　(2) **on**　(3) **in**　(4) **for**
　　(5) **since**　(6) **till**　(7) **on**　(8) **for**
　　(9) **by**　　(10) **in**

解説 (1)「その映画は午前10時にはじまります」
時刻を表す前置詞は **at**。
(2)「私たちは日曜日に，ときどきそのレストランに行きます」
曜日を表す前置詞は **on**。
(3)「この古い寺院は1650年に建てられました」
年を表す前置詞は **in**。
(4)「私のおばは 1 週間入院しています」
for a week で「1 週間」という期間を表す。
(5)「彼女はこの前の 4 月にロンドンに行き，それ以来そこにいます」
since then で「それ以来」という起点を表す。
(6)「夜遅くまで起きていてはいけない」
till late at night で「夜遅くまで」。
(7)「壁の地図はとても古そうに見えました」
「壁に（かけてある）」は **on the wall** で表す。
(8)「ナンシーは東京を去って母国であるオーストラリアに行きました」
leave A for B で「A を去って B へ向かう」。
(9)「東京からパリまで飛行機で約12時間かかります」
by plane で「飛行機で」という意味で，手段を表す。
(10)「簡単な英語で書かれた本を買いたいです」
「英語で」は **in** を用いる。

2 (1) 午前10時から午後 8 時まで開いています
　　(2) 電車の前で　(3) 鹿児島と大阪の間を
　　(4) 駅に行く途中で
　　(5) あなたの支援（助け）なしに

解説 (1) **be open from A to B** で「（店などが）A（時刻）から B（時刻）まで営業している」。
(2) **in front of 〜** で「〜の前で」。
(3) **between A and B** で「A と B の間」。

(4) **on the way to 〜** で「〜へ向かう途中で」。
(5) **without** は「〜なしで」。

3 (1) **of**　(2) **of**

解説 (1) **take care of 〜** で「〜の世話をする」（＝ **look after 〜**）。
(2) **because** のあとが ___ the storm になっている点に着目する。**because** はあとに〈主語＋動詞〉が続く。名詞をとるには **because of** とする。

4 (1) **イ**　(2) **ウ**　(3) **エ**　(4) **ア**

解説 形容詞と前置詞の組み合わせに注意する。
(1)「メアリーは水泳がとても上手です」
be good at 〜 で「〜が上手である」。
(2)「間違えることをこわがるな」
be afraid of 〜 で「〜をこわがる」。
(3)「その海辺の町は美しいビーチで有名です」
be famous for 〜 で「〜で有名である」。
(4)「私の父は野鳥を見ることに興味があります」
be interested in 〜 で「〜に興味がある」。

5 (1) **from**　(2) **of**　(3) **on**　(4) **without**

解説 (1)「私の意見と彼の意見は同じではありません」→「私の意見は彼の意見と異なります」
not the same は 1 語で different で表せる。**be different from 〜** で「〜と異なる」。
(2)「私の妹［姉］はイタリアの食べ物が大好きです」
like＝**be fond of 〜**
(3)「彼は駅へと歩きました」→「彼は徒歩で駅へ行きました」
on foot は「徒歩で」。**walk to 〜**＝**go to 〜 on foot**
(4)「彼は去るとき，何もいいませんでした」→「彼は何もいわずに去りました」

p.116〜117 標準問題の答え

1 (1) **in**　(2) **of**　　(3) **with**
　　(4) **for**　(5) **until**　(6) **on**

解説 (1)「彼女は10分でここに来るでしょう」
in には「（時間が）たてば」という意味がある。
(2)「私の机は木でできています」
be made of 〜 で「〜でできている」。材料の形状がかわっておらず，一目見てわかる場合に使う。
(3)「なぜ彼女は私に腹を立てているのですか」
be angry with 〜 で「〜に怒っている」。

(4)「私はこの本に1,200円払いました」
〈pay＋金額＋for＋もの〉で「(物)に(金額)を払う」という意味。
(5)「あなたは6時までこの部屋を利用できます」
カッコのあとが時刻なので，by か until。ここは期限でなく期間を表す **until** が正解。
(6)「彼らは8月20日朝，アメリカへ出発しました」
午前や午後にはふつう in を用いるが，特定の日についていう場合は **on** を使う。

2 (1) **before breakfast**
　　(2) **look after**　(3) **for, age**
　　(4) **after school**

解説 (1)「朝食前に」は **before breakfast**。
(2)「～の世話をする」は **look after ～**（＝take care of ～）。
(3)「年齢(ねんれい)のわりに」は **for one's age**。
(4)「放課後」は **after school**。

3 (1) **without eating**　(2) **good at**
　　(3) **after practicing**
　　(4) **by plane[airplane]**
　　(5) **belongs to**　　(6) **about going**

解説 (1)「その少年は家を出ました。彼は何も食べませんでした」→「その少年は何も食べずに家を出ました」
(2)「ヨシオはピアノがとても上手です」
(3)「メアリーはテニスの練習をし，それから学校に行きました」→「メアリーはテニスの練習をしてから学校に行きました」
after she practiced とすると＿＿の数が足りないので，動名詞を用いて after practicing とする。
(4)「私の父は年に3回，飛行機で中国に行きます」
fly to ～＝go to ～ by plane
(5)「ケンは学校のサッカーチームの一員です」→「ケンは学校のサッカーチームに所属しています」
be a member of ～＝belong to ～
(6)「今夜は外食しましょうか」→「今夜は外食するというのはどうですか」
How about ～? で「～というのはどうですか」という意味。go out for dinner は「夕食を食べに出かける，外食する」。

4 (1) **for**　(2) **with**　(3) **to**
　　(4) **for**　(5) **with**

解説 (1)「手伝ってくれてありがとう」
thanks for ～ で「～に感謝する」。
(2)「青い目をしたあのネコをごらんなさい」
(3)「そのサッカーの試合を楽しみにしています」
look forward to ～ で「～を楽しみに待つ」。
「～」に動詞が来る場合は動名詞にする。
(4)「駅であなたを待っていましょうか」
wait for ～ で「～を待つ」。
(5)「私のレポートを手伝ってくれますか」
help A with B で「B のことで A を手伝う」。

5 ①イ　②ア　③エ　④ア　⑤ウ　⑥イ
解説 (1) 空所のあとの June 27 は日付なので on。
(3) **at the table** で「テーブルについて」。**under the table**「テーブルの下で」や **on the table**「テーブルの上で」はここでは不適切。
(4) **like** には前置詞で「～のような」という意味がある。
(5) **around** は「～のまわりを，～のあちこちを」という意味。
(6) **write to ～** で「～ に手紙を書く」。**write with ～**「(ペンなど)で手紙を書く」，**write on ～**「(紙など)に書く」はここでは不適切。
全訳 ヘレン・ケラーは，1880年6月27日に生まれたときは，何の問題もなかった。しかし，翌年，彼女は重い病気になった。その後，彼女は見ることも聞くこともできなくなった。彼女の両親は彼女を愛していたので，彼女の面倒をみようとした。しかしそれは簡単ではなかった。彼女はすべきことを学ぶことができなかった。
　ヘレンが6歳(さい)になるころには，彼女の両親は不幸だった。彼らはヘレンがとても利口なことを知っていた。しかし，彼らは彼女に教えることができなかった。彼らはどうしたらよいのかわからなかった。しかし彼らは，何かをしなければならないことはわかっていた。
　ヘレンはよい子ではないこともしばしばあった。彼女はテーブルでの食事の仕方がわからなかった。彼女は鳥のようなおかしな音を立てた。彼女はときに，母親や父親をなぐった。彼女はよく部屋中を走り回り，けがをした。
　ヘレンが7歳のとき，彼女の両親は彼女のための支援を求めることにした。彼らはボストンにいるある教師に手紙を書いた。彼らはヘレンのために先生を見つけてくれるよう彼に頼(たの)んだ。彼はヘレンの両親に手紙を書き，「ヘレンにとってよい教師を知っ

ています。彼女の名前はアニー・サリバンです。彼女をあなた方のところに派遣します」と伝えてきた。

17 そのほかの重要表現

1 (1) 理解していますよね
(2) とても暑かったですよね
(3) ピアノを弾きますよね
(4) 自転車を持っていませんよね
(5) あなた (たち) といっしょにいませんでしたよね

解説 付加疑問は「～ですね」と訳す。

2 (1) **isn't he** (2) **weren't you**
(3) **doesn't she** (4) **didn't she**
(5) **haven't you** (6) **can she**
(7) **did he** (8) **won't he**
(9) **will you** (10) **shall we**

解説 肯定文には否定形の，否定文には肯定形の付加疑問がつく。
(1) 「ジャックは私よりも背が高いですよね」
(2) 「私たちがはじめて会ったとき，あなたは20歳でしたよね」
(3) 「メアリーはテニスをするのが好きですよね」
(4) 「あなたの妹さん [お姉さん] はゆうべ，私の弟 [兄] に電話をくれましたよね」
(5) 「あなたはその本を読み終わったのですよね」
現在完了の文では，付加疑問にも **have[has]** を使う。
(6) 「メグはギターを弾けませんよね」
助動詞のある文では，付加疑問にも助動詞を使う。
(7) 「彼はその晩，よく寝なかったですよね」
(8) 「マイクはパーティーに彼の弟さん [お兄さん] を連れてきますよね」
(9) 「塩をとってもらえますか」
命令文の付加疑問は **, will you?** となる。
(10) 「川に泳ぎに行きましょうか」
Let's の文の付加疑問は **, shall we?** となる。

3 (1) これはなんて簡単な質問なんでしょう。
(2) 彼はなんて慎重に運転するんでしょう。
(3) 私はなんてばかだったんだろう

解説 感嘆符！（エクスクラメーションマーク）がついている文は「なんて～なのでしょう」と訳す。

(1) This is a very easy question.「これはとても簡単な質問です」の感嘆文。
(2) He drives very carefully.「彼はとても慎重に運転します」の感嘆文。**carefully**「慎重に，注意深く」という意味の副詞。
(3) I was very foolish to do such a thing.「私はそんなことをするとはとても愚かでした」の感嘆文。

4 (1) **What a good** (2) **How young**
(3) **What, heavy box**

解説 ふつうの文を感嘆文に書きかえるとき，〈very＋形容詞〉のあとに名詞があるかないかに着目する。名詞があるときは What ～，名詞がないときは How ～ で表す。
(1) 「ケンはとても上手なサッカー選手です」→「ケンはなんて上手なサッカー選手なんでしょう」
(2) 「あなたのお姉さん [妹さん] はとても若く見えます」→「あなたのお姉さん [妹さん] はなんて若く見えるのでしょう」〈How＋形容詞＋主語＋動詞！〉で表す。
(3) 「あなたはとても重い箱を運んでいます」→「あなたはなんて重い箱を運んでいるんでしょう」

5 (1) **nobody** (2) **never** (3) **little**
(4) **few** (5) **nor**

解説 (1) 「だれにも会いませんでした」が didn't see を使わずに saw となっているので「だれも～ない」という意味の1語を入れる。
(2) 「1度も～ない」は not より強い否定の never を用いる。
(3) 「ほとんどない」の意味で数えられない名詞の前に little を用いる。wine は数えられない名詞なので little を入れる。
(4) 「ほとんどない」の意味で数えられる名詞の前に few を用いる。a little[few] ～と a がつくと「少しはある」の意味になる。
(5) neither に着目する。「A も B もどちらも～ない」は neither A nor B。

1 (1) **doesn't he** (2) **won't you**
(3) **will you** (4) **don't you**
(5) **didn't you** (6) **have you**

解説 (4)(6) 一般動詞の have と現在完了の have を混同しないように注意。

2 (1) **nothing**   (2) **Neither, nor**
   (3) **no libraries[library]**
   (4) **What, runner**   (5) **well, speak**

解説 (1)「私は今日何もすることがありません」not anything を 1 語の nothing で表す。
(2)「彼はその仕事をまだ終わっていません。私もまだ終わっていません」→「彼も私もその仕事をまだ終わっていません」「A も B も〜ない」というときは **neither A nor B** で表す。動詞が続くときは B に合わせる。
(3)「10年前, この町には図書館が（1 つも）ありませんでした」had という動詞が使われていることから空所には否定語を入れると考える。「1 つも〜ない」は〈**no**＋名詞の複数／単数形〉で表す。
(4)「あなたはなんて速く走るのでしょう」→「あなたはなんて速い走者なんでしょう」a があることから次に〈形容詞＋名詞〉が続くと考える。「速く」を「速い」という形容詞に, また「走る」を「走る人（走者）」という名詞にかえる。
(5)「あなたはなんて英語の上手な話し手なんでしょう」→「あなたはなんて上手に英語を話せるのでしょう」you can とあるので can のあとには動詞「話す」, How のあとには副詞 well「上手に」が入ると考える。

3 (1) ①   (2) ④   (3) ①   (4) ②

解説 (1)「昨日彼らがした試合はなんてわくわくしたんでしょう」very exciting の意味なので What ではなく **How 〜** の形の感嘆文にする。
(2)「あなたは昨日, 公園に行きましたね」You went 〜の文なので, 付加疑問は **didn't you** となる。
(3)「駅に行く前に書店に寄りましょうか」付加疑問が shall we となっているので, Let's で始める。
(4)「その銀の皿を触らないでくれますか。とても高価なので, だれにも使わせないんです」命令文の付加疑問は **will you**。

4 (1) **You haven't finished doing your homework, have you?**
   (2) **They want to play baseball here, don't they?**
   (3) **How wonderful the view from here is!**

   (4) **What a smart dog John is to do such**
   (5) **No one knows what book the man wrote.**
   (6) **Few students were late for school.**

解説 (1)「終わっていない」が主文で,「ですね」と最後に付加疑問をつける。前半の動詞が現在完了の否定の形なので, 付加疑問の部分は肯定形にする。
(2)「〜したい」は **want to 〜** で肯定形なので, 付加疑問は否定形にする。
(3)「ここからのながめ」the view from here が主語。〈**How**＋形容詞＋主語＋動詞！〉の語順にする。
(4)〈**What**（＋a / an）＋形容詞＋名詞＋主語＋動詞〜！〉の語順で表す。
(5)「だれも〜ない」は no one で単数扱いなので動詞には 3 単現の s がつく。「その男の人がどんな本を書いたか」は間接疑問で〈疑問詞＋主語＋動詞〉の語順を knows のあとに続ける。
(6)「ほとんどいない」は〈few＋数えられる複数名詞〉で表すので a が不要。「〜に遅れる」は be late for 〜。

p.124〜127 **実力アップ問題の答え**

1 (1) イ (2) イ (3) ア (4) イ (5) エ
2 (1) **because**   (2) **without**   (3) **shall**
   (4) **above**   (5) **or**
3 (1) **in, nor**   (2) **near, during**
   (3) **by, didn't**   (4) **If, were**
   (5) **for, of**
4 (1) オ (2) ア (3) エ (4) イ (5) ウ
5 (1) **after school**   (2) **so heavy**
   (3) **good at**   (4) **were, could**
6 (1) **Wash your hands before you eat**
   (2) **I am looking forward to seeing the movie you talked about**
   (3) **most houses are made of wood**
   (4) **I was so tired that I couldn't eat anything.**
7 (1) イ (2) ウ (3) ウ (4) ア (5) ア
   (6) イ (7) ウ (8) イ

解説 1 (1)「あなたは彼女が間違っているといっているのですね」

(2)「あなたにはジェームズ・ホワイトという名前の友だちがいますね」

(3)「もう起きなさい，そうしないとスクールバスに間に合いませんよ」

〈命令文，＋or ～〉「…しなさい，そうしないと～」にする。

(4)「その出来事について聞いたことはありますが，詳細はわかりません」「聞いたことがある」と「詳細はわからない」との内容を結ぶ接続詞として適切なのは but。

(5)「その俳優が車から出てくると，彼のファンが彼の名前を叫びました」

get out of ～ で「～から出てくる」という意味。

2 (1)「私はおなかがいっぱいだったので，食べ物は何もほしくはありませんでした」

空所には「なぜなら～，～だから」と理由を表す接続詞 **because** が適する。

(2)「私の父はふつうミルクと砂糖なしでコーヒーを飲みます」

____ の前後はどちらも名詞なので，前置詞の **without** を入れる。

(3)「もう一度始めからその歌を歌いませんか」

Let's で始まる文の付加疑問は **shall we**。

(4)「その寺院は海抜2,000メートルにあります」

～ above sea level で「海抜～」。

(5)「あなたかケンに手伝っていただきたいです」

either に着目して or を入れる。

3 (1) interested のあとは in で「～に興味がある」。後者の空所には neither に着目して nor を入れる。

neither A nor B で「**A も B もどちらも～ない**」という意味。

(2)「～の近くの」は **near**，「ロンドン滞在中」は「ロンドン滞在の間」と考えて **during** を使う。

(3)「E メールで」は **by email**。sent は過去形なので，付加疑問は didn't you となる。

(4)「もし～なら，…なのに」と現在の事実に反することを言うときは**仮定法**〈If＋主語＋動詞の過去形〉で表す。be 動詞はふつう were を使う。

(5) お礼の内容は for のあとに続ける。**take good care of ～** で「～の面倒をよくみる」。

4 (1)「私たちはネコだけでなくイヌも飼っています」

not only に着目する。

(2)「私たちは多くの点でお互い異なります」

be 動詞のあとなので補語が必要。**ア**が正解。

(3)「彼女は他人の前で話すのが上手ではありません」

be good at のあとは名詞か動名詞。動名詞を含み，others にもつながる**エ**を選ぶ。

(4)「彼は運動部に所属していませんよね」

肯定形の付加疑問なので否定文のはず。**イ**が正解。

(5)「彼女はあまりに悲しくて，しばらく泣きやむことができませんでした」

so に着目し **so ～ that 主語 can't ...** の文にする。

5 (1)「学校が終わったらテニスをしましょう」→「放課後にテニスをしましょう」

when school is over＝after school

(2)「このカバンは重すぎて運ぶことができません」→「このカバンはとても重いので，私は運ぶことができません」

(3)「私の母はとても上手に泳ぐことができます」→「私の母は水泳がとても上手です」

can ～ very well＝be very good at ～

(4)「私は鳥ではない，だから空を飛べません」→「もし私が鳥だったら，空を飛べるのに」仮定法過去で表す。be 動詞の過去形と can の過去形を使って表す。

6 (1)「洗いなさい」なので，命令文で始める。「手を洗いなさい／夕食を食べる前に」の順で表す。before は接続詞なので〈主語＋動詞〉を続ける。

(2)「～を楽しみにしている」は **look forward to ～** で，「～」には名詞または動名詞が来る。see を seeing にして I am looking forward to seeing the movie と並べれば「映画を見るのを楽しみにしているよ」という意味になる。残った語を you talked about と並べて the movie を修飾する形にすれば完成。

(3)「木造です」は「木でできています」と考える。be made of ～「～でつくられている」

(4)「とても～なので…できない」の **so ～ that 主語 can't ...** の文にする。

7 (1) **look for ～**「～を探す」

(2) **go out of ～**「～から外へ出る」

(3) **listen to ～**「～の話を聞く」

(4) **be kind to ～**「～に親切にする」

(5) **after school**「放課後」

(6) 主語が You，動詞が told の文なので didn't you。

(7) **smile at ～**「～にほほえみかける」

(8) 付加疑問 weren't you に対応させて were を選ぶ。

全訳 ある土曜日，ケンタは学校でテニスをしたあと，学校近くの書店に行った。本を探しているとき，彼は若い女性が歩道でベビーカーを押して動かしているのを見た。彼は，そこに自転車がたくさんあるため，彼女が動けないことに気がついた。ケンタは書店を出て，女性のもとへと走った。彼は彼女のためにすべての自転車を移動した。彼女は「ありがとう。あなたの名前を教えてください。ミナト中学校の生徒でしょう？」と言った。ケンタは「…さよなら」というと走り去った。

数日後，朝，教室でケンタは先生の話を聞いていた。「みんな，私たちのところに昨日，ある女性から手紙が届いたんだ。手紙には，彼女は私たちの学校の男子生徒に助けられたと書かれているんだ。彼女が書店の近くで困っていたとき，その少年が彼女にとても親切にしたんだ。その少年は名前を告げなかったので，彼女は彼にお礼をいうために学校に手紙を送ってきた。このような手紙をもらってうれしいし，私たちはそのよい生徒のことを誇りに思う」ケンタは「それはぼくだけど，ぼくはよい生徒じゃない」と思った。

放課後，ケンタは職員室に行った。彼は先生に「すみません。けさ，女性からの手紙についてお話をしましたよね。あの手紙にある生徒はぼくなのです。でも，ぼくはよい少年ではありません。あの日，たくさんの自転車が歩道に置かれていたんです。ぼくも自分の自転車をそこに置いていました」と言った。すると，先生はケンタにほほえみかけ，「歩道に自転車を置いたのかい。それはよいことではなかったし，注意不足だったね。でも，君は困っている女性を助けた。ほとんどの人は困っている他人を助けたいと思うけど，たいていはそうしない。君が困っている人を見たら，その人を助けてほしい」と言った。「わかりました。そうします」とケンタは言った。彼が部屋を去ろうとしたとき，先生が彼に言った。「ケンタ，もし他人に親切にすれば，その人たちは幸せになるし，君も幸せになる。このことを覚えておいて」

定期テスト対策

❶接続詞のあとには，主語や動詞，目的語などが欠けていない，完全な文が来るが，関係代名詞のあとには，主語や，目的語などが欠けた文が来ることを覚えておこう！

❷文章中でどの接続詞を使うかは，多くの場合，文脈によって決まる。適切な接続詞を選ぶ問題では，前後の文の流れに注意すること。

❸付加疑問は，作り方の基本的なルール（肯定文では否定の付加疑問にする，否定文では肯定の付加疑問する，主語を代名詞にするなど）を理解しておくこと。これに，〈命令文〜，will you?〉と〈Let's 〜，shall we?〉の形を覚えておけば，テストで確実な得点源になる。

❹前置詞は簡単そうで意外にやっかい。日時や場所の前置詞などは，正確に使い分けられるようにしておきたい。また until と by の区別も重要。until は「〜まで」，by は「〜までに」と訳されるため，混同しやすいので注意。

❺前置詞を使った連語表現は重要なのでしっかり覚えておくこと。暗記作業は大変かもしれないが，それでも，本書に出てくる表現は完ぺきに覚えよう。

---

p.128〜131 **第1回 模擬テスト**の答え

1 (1) イ　(2) ア　(3) エ　(4) ウ

2 (1) **born**　(2) **thousand**

3 (1) ア　(2) ウ

4 wonderful movie I have ever watched

5 例 It's the Dolls' Festival for girls on March 3. / We display dolls called *Hina-ningyo* to wish for girls' happiness. / *Hinamatsuri* means the Dolls' Festival on March 3.

6 (1) **many big planes**　(2) ア
(3) タクシーの色を黄色に塗りかえること。
(4) ① **blue**　② **than**　③ **yellow**
(5) イ

解説 ❶ (1) A「はい，お茶です」B「ありがとう」
A「気をつけて。まだ熱いです」careful という形容詞の前なので be 動詞を使う命令文と判断する。
(2) A「私は今，トムの助けが必要です。トムはここにいますか」B「いいえ，いません」A「わかりました。彼を見たら私に教えてください」B「待って！外を見て。トムと友だちが今サッカーをしていますよ」now から現在進行形の文とわかる。
(3) A「時計をなくしました」B「まあ，けさテーブルの上にあるのを見ましたよ」A「見ましたか。今そこにそれを見ませんが」B「テーブルの下を探してはどうですか」A の発言の on the table から，場所を表す前置詞 under が適すると判断する。
(4) A「夏休みのあなたの計画は何ですか」B「私の計画は東京のおじさんを訪ねることです。あなたはどうですか」A「美しい海を見に沖縄へ行くことを考えています」B「いいですね」「見るために」と目的を表す副詞的用法の不定詞が適する。
❷ (1) アリス「あなたの誕生日はいつですか」コウタ「５月５日です。私はこどもの日に生まれました」誕生日を聞いていることから「〜日に生まれた」と考える。「生まれる」＝be born
(2) ビル「あなたの高校は何人の生徒がいますか」ミユキ「1,000人です。各クラスが40人で，25クラスあります」40人×25＝1,000人
❸ (1) A「コンサートはすばらしかったです。あなたは彼女の歌が気に入りましたか」B「もちろん。とても気に入りました。私をそれに招待してくれてありがとう」A「どういたしまして。あなたがそれをとても楽しんでくれてうれしいです」B「また彼女のコンサートに行きましょう」会話の流れとして，最初の A の like を使った疑問文から liked を使った返事が続き，Thank you の言葉から You're welcome. がその応答となる。最後は「また行こう」となる。
(2) A「今度の土曜日の野球の試合のチケットが２枚あります。私といっしょに行きたいですか」B「はい，でも２時まで部活動があります。試合は何時に始まりますか」A「５時に始まります。３時に駅で会いましょうか」B「わかりました！もし遅くなるようならあなたに電話します」Do you 〜? に対して Yes, の応答が続き，What time 〜? の問いに「５時に」と答えると判断する。最後は Shall we 〜? に対して OK! と返事をする，という順になる。
❹ レイコ「あなたは『となりのトトロ』を知ってい

ますか」ナンシー「はい！それは私が今まで見た中で最もすばらしい映画です。いいお話です」レイコ「同意します」the most があるので「最もすばらしい映画」が続くと判断する。そのあとに「私が今まで見た」という現在完了の経験の形が続く。movie と I have ever watched の間には関係代名詞の目的格 that が省略されている。
❺ ジョン「あなたのお母さんがひな祭りがもうすぐ来ると言っていました。ひな祭りって何ですか」ユリ「(例) ３月３日の女の子のための人形の祭りです」ジョン「なるほど。教えてくれてありがとう」何かの説明をするとき，「いつ」「どんなことをする」「〜を意味する」などの表現を使うとよい。festival (祭り)，doll (人形)，girl (女の子)，March 3 (３月３日) などの単語を使って表現する。
解答例の訳：それは３月３日の女の子のための人形の祭りです。／私たちは女の子の幸せを願ってひな人形と呼ばれる人形を飾ります。／ひな祭りは３月３日の人形のお祭りのことです［を意味します］。
❻ (1) 直前の文の複数形の語句を探す。Many big planes が適する。
(2) 直前の文「多くの飛行機が白色だと気がついた」の内容からアの「なぜ多くの飛行機は白なのか」が適する。
(3) 「(ほかのタクシー会社も) 同じことをする」とはどんなことか。その文の前のタクシー会社のことを述べている部分がヒントになる。
(4) シンガポールのタクシーについて述べられているこの段落では，青色のタクシーと黄色のタクシーを比べている。「特に夜は派手な色のレインコートを着るべきだ」と言っていることから青より黄色の良さを強調しているとわかる。よって「青色のタクシーは黄色のタクシーより事故が多い」と考える。
(5) 「その日がすぐに来るといいと思います」という意味の文なので，その日とはどんな日かを考える。ア〜エのうち，時を表す内容はアの「白色のものを着ているとき」とイの「今度会ったときに」となるが，「来るといいと思う」に当てはまるのはイとわかる。
日本語訳 あなたは何色が好きですか。私は色についてみなさんにお話しします。
　私には成田空港で働いているおじさんがいます。私が10歳のとき，父はそこのイベントに私を連れて行きました。私は初めて大きな空港を見て驚きまし

た。たくさんの大きな飛行機が青い空の中へ上って行きました。私はそれらを見てとても興奮しました。それ以来，私は飛行機に興味を持っています。今でさえ私はそれらを見によく空港へ行きます。ある日，私は多くの飛行機が白色だと気がつきました。私は「なぜ多くの飛行機は白いのだろう」と独り言を言いました。私はおじに電話をしてその質問をしました。

彼は私にいくつか理由を教えてくれました。多くの飛行機会社は，白は日光を反射するからという理由で自社の飛行機を白色に塗ります。ある晴れた日，あなたが黒いシャツを着ていると白いシャツを着ているときより暑く感じるでしょう。もし飛行機を白く塗れば温度調節のためにお金をたくさん使う必要がないのです。そして他の色の塗料は白い塗料より値段が高いのです。おじさんは今度会ったときに他の理由を私に教えてくれると言いました。その日がすぐに来るといいと思います。

私は色にもっと興味がわき，通りの多くの車を見始めました。たくさんの色を見ました。白色を最も多く見ました。2週間前，私は色についての他の事実を見つけるために図書館へ行きました。そこである
おもしろいことを見つけました。あなたは今までにテレビでニューヨークのタクシーを見たことがありますか。それらは黄色です。1万3,000台以上の黄色いタクシーがニューヨークの通りを走っています。なぜそれらは，黄色いのでしょうか。1907年，1人の男の人がたくさんの車を輸入してタクシー会社を始めました。そのタクシーは最初は赤と緑でした。しかし，彼はそれらすべてを黄色に塗りました。黄色はとても派手な色です。あなたも同意すると思います。そして彼は遠くから黄色いタクシーを見つけることはより簡単だと思いました。人々は彼がそうだろうと思っていたと同じくらい簡単にそれら（黄色のタクシー）を見つけました。他のタクシー会社も同じことをし始めました。今，ニューヨークのほとんどすべてのタクシーは黄色です。また，ニューヨークのタクシーの多くは日本の会社によってつくられています。私はそのことをとても自慢に思います。

私は黄色についてもう1つのよいことをお話しします。シンガポールではタクシーの中には黄色のものもあれば青いものもあります。そこの人々は事故の数を調査しました。その2つの色の間にはその数がかなりちがっていました。その調査は青色のタク

シーは黄色のタクシーより事故が多いということを示しました。雨の日，みなさんはレインコートを着ますね。あなたのレインコートは何色ですか。特に夜は派手な色のレインコートを着るべきだと思います。

先月の美術の授業で，私たちは色が私たちに影響を与えることを学びました。赤を見たとき興奮するのを感じます。緑を見たときはくつろいだ感じがします。そして色の中には私たちをより快適にそしてより安全にするものがあります。私たちは好きな色を使うとき自分たちの生活［人生］を楽しむのだと私は信じています。世の中のすべてには色があります。私たちは，それぞれの色についてあるものを感じます。そして色の自分自身の意味を見つけます。あなたの好きな色は何ですか。

---

p.132～135　第2回 模擬テストの答え

1 (1) イ　(2) ア

2 (1) **borrowed**　(2) **earlier**
　　(3) **drinking**

3 イ，オ

4 ① 例 **I went to Yamanaka City with my family by train.**
　　② 例 **It was fine, so we took a walk in the park[we enjoyed walking in the park].**

5 (1) エ　(2) C
　　(3) クラスのみんなにあやまること。
　　(4) 1　**It is in June.**
　　　　2　**No, he didn't.**
　　(5) オ・イ・エ・ア・ウ

解説 **1** (1) アキオ「もしもし，アキオです。トムくんをお願いします。」トムの母親「ごめんなさい，今外出しています。」アキオ「わかりました。また，彼に電話をしてもいいですか。」トムの母親「もちろんです。」アの「伝言を受けましょうか」やウの「伝言をくれますか」は電話をかけている側の発言ではない。エは「いらっしゃいませ」と店員が客にいう言葉なので，イが適する。
(2) ケン「富山体育館でのバスケットボールの試合を見るので興奮しています。」ボブ「ぼくもです。どうやってそこへ行くつもりですか。」ケン「母が車で

体育館へ連れて行ってくれます。君も連れていけますよ。」ボブ「ありがとう。それを聞いてうれしいです。」ケンの「車で体育館へ連れて行ってくれる」という発言から手段をたずねているとわかる。**ア**は「どうやって行くつもりですか」と手段を，**イ**は「どのくらいそこにいるでしょうか」と期間を，**ウ**は「何回バスケットボールをしますか」と回数を，**エ**は「バスケットボールはどうでしたか」と感想をたずねる内容。

2 (1) A「すみません。本を探しています。その名前は『沖縄の食べ物の歴史』です。」B「ちょっと待って。ええと，昨日，だれかがその本を借りましたよ。」A「わかりました。ありがとう。」本の話なので「借りる」という意味の borrow を選び，**yesterday** があるので過去形にする。

(2) A「ああ，今日はサッカーの練習に遅れなかったね！」B「今日はいつもより30分早く起きようと努力したよ。」A「いいね！さあ練習を始めよう！」30分，という語句から時を表す語 **early**「早く」を選ぶ。**than** の前なので比較級にする。

(3) A「お父さん，何をしているの。」B「この写真のミルクを飲んでいる赤ちゃんを見てごらん。」A「まあ！私だわ。とってもかわいい！」milk という単語から drink「飲む」を選ぶ。直前の baby を修飾するので現在分詞の **-ing** 形にする。

3 **ア**「秀樹は毎週土曜日にピアノのレッスンの予定です。」3/30，4/13はピアノのレッスンとは書いてないので合っていない。**イ**「秀樹は3月に2回スイミングレッスンがある予定です。」3/12と3/19にスイミングレッスンと書かれているので合っている。**ウ**「秀樹は3月毎週月曜日と木曜日に英語学校で勉強する予定です。」3月の木曜日には英語学校とは書かれていない。**エ**「秀樹は8日間アメリカでホームステイをする予定です。」3/24から3/30までなので7日間ということになる。**オ**「秀樹はアメリカから帰ったらおじいさんの家を訪ねる予定です。」3/31にそのように書かれている。

4 ① 〈主語＋動詞＋to＋場所〉の順で表し，そのあとに **with ～**（～と），交通手段の **by ～**（～で）を続ける。それぞれの前置詞に注意する。

② We enjoyed walking in the park because it was fine [sunny]. と because を使って表してもよい。「散歩をする」は **take[go for] a walk** と表すことができる。

5 (1) **ア**「あなたは将来何になりたいですか。」**イ**「あなたの学校で気に入っているイベントは何ですか。」**ウ**「あなたは友だちと何について話すのが好きですか。」**エ**「あなたにとって何が最も大切なことですか。」次に続く「テストでよい成績をとることか，または試合に勝つことか」という内容から**エ**が適するとわかる。

(2)「走り終えた生徒たちがコースのそばに来て，『あなたならできる！』と彼女に言いました。」her という単語から次に She was ～ と続いている **C** の箇所が適するとわかる。

(3) 直前の裕太の「クラスのみんなにごめんなさいといいたい」という発言がヒントになる。

(4) 1「毎年，裕太の学校の運動会はいつですか。」本文4行目に着目。 2「裕太は健とゴールへ歩いていくとき，どのクラスが勝ったか知っていましたか。」第6段落2文目に I didn't know which class was the winner. とある。

(5)「合図で第1走者がスタートした」―「走ろうとしたが倒れてしまった」―「健がいっしょに行こうと言い，起き上がるのを助けてくれた」―「他の生徒たちがゴールの近くへ来てくれた」―「ゴールでクラスメートの笑顔が見れてうれしかった」

日本語訳 あなたにとって最も大切なことは何ですか。テストでよい成績をとることですか，それとも部活動で試合に勝つことですか。私にとってはすべてにおいて1等賞をとることでした。しかし，今は少しちがっています。

私たちの学校は毎年6月に運動会があります。運動会の最大のイベントは同学年で行う5クラスのリレー競走です。クラスの全男女がリレー競走で1つのチームとして走ります。今年私はクラスの男子のリーダーだったので，クラスの最終走者でした。私は自分のクラスがナンバーワンになってほしいと思いました！

その日がやってきました。さあ，リレー競走のときです。5クラスの走者が先生の合図でスタートしました。私たちのクラスの第1走者はクラスでいちばん速い私の友だちの健でした。彼は他の走者より速く走り，次の走者にバトンを渡しました。しかし，他のクラスの走者が私たちの走者にあとで近づいてきました。私の前に走る女子は亜弥でした。彼女と他の4人の走者はほとんど同時にバトンを受けとりました。走り終えた生徒たちはコースのそばに来て，彼女に「きみならできる！」と言いました。彼女は

他の走者と同じくらいの速さで私のところにやってきました。「裕太！」彼女の声とともにバトンが私の手に触れました。私はそれをとってとても速く走り出そうとしました。

　突然，何かが起きました。多分私の足が他の走者の足にぶつかったのです。私はバランスを失い地面に倒れました。起き上がろうとしましたが，左の足首を痛めてできませんでした。私は目に涙が出るのを感じて「起きろ。今日のためにみんな一生懸命に練習してきたんだ。みんなの努力が私のためにむだになってしまう」と思いました。

　「だいじょうぶ？」とだれかが私に聞きました。健でした。私は涙を拭いて彼を見ました。彼は私に「立ち上がるのを手伝おうか」と聞きました。私は「もし私を助けたら私たちのクラスは失格になってしまう」と言いました。「いや，問題ないよ」「いっしょにゴールへ行こう」と彼は言いました。私はしばらく考えて，「わかった」と言いました。彼は私の手を引っ張りました。私は左腕を彼の肩に置き，彼は私を支えました。クラスメートが私たちのまわりにいて私を心配してくれているのがわかりました。私は右手にバトンを持って，健の支えでゴールへと歩き始めました。

　他には走者はだれもいなく，ただ私たち2人だけがコースにいました。私はどのクラスが勝ったのか知りませんでした。私の足首は痛みましたが，健と歩くのに全力をつくしました。亜弥が他のクラスメートとゴール近くに来ました。彼らは私たちを待っていて「さあ，裕太！」と言いました。私は彼らのためにこのバトンをゴールへ持っていく—そのことが私の心の中にあった唯一のことでした。

　私たちがゴールに着いたとき，クラスメートが私たちのまわりに集まりました。「クラスのみんなにごめんなさいと言いたい」と健に言いました。亜弥が「その必要はないわ。あなたはベストをつくした，でしょ」と言いました。他の人たちも彼女に賛成しほほえみました。私の足首はまだ痛みましたが，幸せに感じていました。1等賞をとることは最も大切でしたが，私はまだ同じ考えを持っているでしょうか。いいえ，なぜなら今私は大事なことが他にたくさんあるのだということを知っていますから。

不規則動詞の変化表

▶本冊 p.44

1 ABA 型

原　形	（意味）	過去形	過去分詞
☐ become	～になる	became	become
☐ come	くる	came	come
☐ run	走る	ran	run

2 ABB 型

☐ bring	持ってくる	brought	brought
☐ buy	買う	bought	bought
☐ catch	つかまえる	caught	caught
☐ find	見つける	found	found
☐ get	手に入れる	got	got, gotten
☐ have, has	持っている	had	had
☐ hear	聞く	heard	heard
☐ keep	とっておく	kept	kept
☐ leave	出発する	left	left
☐ lend	貸す	lent	lent
☐ lose	なくす	lost	lost
☐ make	つくる	made	made
☐ meet	会う	met	met
☐ say	言う	said	said
☐ sell	売る	sold	sold
☐ send	送る	sent	sent
☐ sit	すわる	sat	sat
☐ sleep	眠る	slept	slept
☐ spend	費やす	spent	spent
☐ stand	立つ	stood	stood
☐ teach	教える	taught	taught
☐ tell	話す	told	told
☐ think	考える	thought	thought
☐ understand	理解する	understood	understood

3 ABC 型

原 形	（意味）	過去形	過去分詞
☐ begin	はじめる	began	begun
☐ break	こわす	broke	broken
☐ choose	選ぶ	chose	chosen
☐ do, does	する	did	done
☐ drink	飲む	drank	drunk
☐ drive	運転する	drove	driven
☐ eat	食べる	ate	eaten
☐ fall	落ちる	fell	fallen
☐ fly	飛ぶ	flew	flown
☐ give	与える	gave	given
☐ go	行く	went	gone
☐ grow	成長する	grew	grown
☐ know	知っている	knew	known
☐ lie	横になる	lay	lain
☐ ride	乗る	rode	ridden
☐ see	見える	saw	seen
☐ show	示す	showed	shown, showed
☐ sing	歌う	sang	sung
☐ speak	話す	spoke	spoken
☐ swim	泳ぐ	swam	swum
☐ take	取る	took	taken
☐ throw	投げる	threw	thrown
☐ wear	着ている	wore	worn
☐ write	書く	wrote	written

4 AAA 型

☐ cut	切る	cut	cut
☐ put	置く	put	put
☐ read	読む	read	read

②